世界社会保障制度系列丛书

丛书主编 郑功成

# 新加坡
# 社会保障制度

贾玉娇 等著

The Singapore
Social Security
System

中国劳动社会保障出版社

**图书在版编目(CIP)数据**

新加坡社会保障制度/贾玉娇等著. —北京：中国劳动社会保障出版社，2017

（世界社会保障制度系列丛书/郑功成主编）

ISBN 978-7-5167-3181-9

Ⅰ.①新… Ⅱ.①贾… Ⅲ.①社会保障制度-研究-新加坡 Ⅳ.①D733.97

中国版本图书馆 CIP 数据核字(2017)第 208237 号

**中国劳动社会保障出版社出版发行**

（北京市惠新东街 1 号 邮政编码：100029）

*

中青印刷厂印刷装订 新华书店经销

787 毫米×1092 毫米 16 开本 14 印张 146 千字

2017 年 8 月第 1 版 2017 年 8 月第 1 次印刷

**定价：46.00 元**

读者服务部电话：（010） 64929211/64921644/84626437

营销部电话：（010） 64961894

出版社网址：http://www.class.com.cn

中国社会保障学会与中国劳动社会保障出版社联袂推出

# 丛书编委会

# 总　序

如果要追溯社会保障的渊源，有着连续数千年文明史的中国应当是最具代表性的国家。因为在其有文字记载的漫长历史画卷中，各种描绘社会保障思想与实践活动的文字屡见不鲜，一些社会保障措施甚至自古一直柔性传承至今。然而，以平等、法制、共享等为基本元素的现代社会保障制度，却是现代化进程中带给人类社会的一个异常重要的制度性文明成果。德国因在19世纪80年代首创社会保险制度而成为这一制度文明的起源国，之后被其他国家所仿效。在历经20世纪30年代美国全面建立社会保障制度和20世纪40年代末英国将自己的社会保障制度升华为福利国家等重大事件后，社会保障制度对国家治理、社会经济发展与人民福祉提升所具有的必要性与重要性即获得了世界各国的广泛认同。在当今世界，社会保障已经成为现代国家治理体系中不可或缺的支柱性制度安排，也成为各国人民共享国家发展成果的基本途径与制度保障。

中国是一个大国，也是一个行进在现代化快车道上的发展中国家。在中华人民共和国成立后，除了柔性传承着历史中国的一些社会保障做法外，更在短短几年内就建立了以劳动保险为主体的统一的社会保障制度。这套制度不仅极大地缓解甚至消除了当时社会弱势群体的现实困难，而且为全体人民（特别是城镇居民）提供了稳定可靠的安全预期，它使新生的人民政权迅速赢得了民心，也为国家在严酷的内忧外患环境下获得快速发展创造了万众一心、众志成城的优良社会氛围，这不仅被视为社会主义制度优越性的具体体现，而且在国家治理中扮演着极为重要的角色。

改革开放后，伴随经济体制改革的推进，中国社会保障制度也进入了改

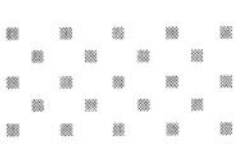


革年代，近30年来，几乎所有社会保障项目均进行了深刻的制度变革，原有的以国家负责、单位或集体包办、板块结构、封闭运行为基本特征的社会保障制度已转型为以政府主导、责任分担、社会化、多层次化为基本特征的新型社会保障体系。不过，这种转型还未最终完成，而漫长的试点先行、渐进改革方式亦形成了新的路径依赖，这使得新型社会保障制度还面临着深化改革的艰巨任务。目前，中国的社会保障改革正处于关键时期，中央层面的顶层设计在紧锣密鼓进行中，让这一制度走向成熟、定型已经是国家层面的紧迫任务。

毫无疑问，中国的社会保障制度，必然要打上中国特色的烙印，但也必须充分吸收人类社会共同的文明成果，这就需要了解他国的社会保障制度，并在真正了解的基础上认识和把握社会保障制度发展的客观规律。有鉴于此，中国社会保障学会将组织、出版世界社会保障制度系列丛书列为十分重要的学术工作，并于2015年夏通过青年委员会开始组织申报与评估，接着陆续确定合适的作者承担著作任务。这套丛书的使命，就是尽可能全面、客观地介绍各国的社会保障制度，包括其发展脉络、制度框架、基本特征和主要制度运行的基本情况，以便为读者了解并理解国外社会保障制度提供一个高质量的蓝本。为此，我们确立了三项原则：一是以在国外专门研修过或者正在国外研修社会保障制度的研究者为作者队伍的主体，必要时邀请国外学者撰著本国的社会保障制度；二是强调突出对各国社会保障制度进行客观介绍，力求内容完整、资讯新颖；三是要求简明扼要，为读者自主判断留出空间。因此，这套丛书应当有着区别于其他研究外国社会保障制度的图书的独特价值。

感谢中国劳动社会保障出版社的大力支持，该社作为中国社会保障领域具有广泛影响力的专业出版社，出版过大量有价值的社会保障图书，中国社会保障学会将这套具有独特价值的丛书交由该社陆续出版，无疑是本专业领域的最优合作。

我相信，这套丛书一定能够给中国的社会保障研究者、社会保障实务工作者以及对社会保障有兴趣的读者带来丰富的资讯与诸多的启迪。

中国社会保障学会会长　郑功成

2016年9月1日于北京

郑功成（Zheng Gongcheng），现任中国社会保障学会会长，中国人民大学教授，同时担任全国人大常委会委员、全国人大内务司法委员会委员；兼国务院医改咨询委员会委员、国家减灾委专家委员会副主任和多个部门的咨询委员或顾问。长期从事社会保障、慈善公益、灾害保险及与民生相关领域的理论与政策研究。

# 序

## 一、为什么要研究新加坡经验

截至 2015 年，新加坡人口 553.5 万人，中国人口将近 14 亿人；新加坡陆地面积约 719 平方千米，中国陆地面积约 960 万平方千米。一个是位于东南亚马来半岛南端的弹丸小岛，另一个是横亘亚洲的东方大国，从体量上看，二者相差悬殊。但是如果深入新加坡内部，就会形成“麻雀虽小，五脏俱全”的观感，以及获得一种与中国国家治理模式相似的熟悉感。

与中国复杂的人口成分相似，新加坡是一个多种族、多宗教信仰的国家。由于同质性越强，对外排斥性越显著，在新加坡成为一个国家的初期，种族与文化冲突频发，成为社会治理的难点；与中华人民共和国成立初期面临的国内外形势相似，新加坡是在一穷二白的基础上，在邻国欲意把控的情势下，开创出一条具有新加坡特色的自主发展道路；与中国建设现代国家的背景相似，新加坡有着相同的被侵略经历和现代国家重构的经历；与中国主流的社会文化相似，儒家思想成为新加坡重要的指导思想；与中国政治特点相似，新加坡人民行动党具有强有力的社会整合与政治动员能力，对国家实行从上到下“一杆子到底”的管理，主导经济与社会发展。

走出发展困境，这个在 20 世纪 60 年代以前并未被抱以发展希望的国家，到 20 世纪 60 年代中后期以后，迸发出让世界为之震撼的力量，快速跻身于世界发达国家行列，与同一时期的韩国、日本、中国台湾地区共同创造了“东亚奇迹”，并被誉为“亚洲四小龙”。新加坡发展速度之快，取得的经济社会成绩之显著，引起了世界惊叹。联合国时任秘书长安南曾说，就新兴国家而言，能像新加坡这样在短短的四十多年里从一个平凡的殖民地发展成一个

繁华的国际大都会是非常罕见的。[①]

那么，是什么原因让新加坡从一个贫困国家一跃发展成为发达国家？是因为新加坡小、人口少，从而使得国家治理变得简单了吗？显然不是，治理难题可能会因为治理地域的扩大和对象的增多而放大，但不会因为治理地域的缩小和对象的减少而简化。美国前任总统奥巴马曾说，跟美国以及其他国家比较，新加坡是个极小的国家，但这不等于说它不能成为一个模式。之于美国而言，它带来的启示是发展真正的生产力，而不是空洞的财务“诡辩”，要形成必要的社会秩序，降低过盛的个人主义。[②]之于中国而言，正如新加坡总理李显龙所说：“新加坡或许不能时时为中国的问题提供经验，但它可以提供的是有用的模式或制度，让中国考察，并在它的人民中推行。”[③]

自党的十八大以来，党中央提出推进国家治理现代化转型，提升国家治理能力，对深入推进改革开放具有重大的理论与现实意义。这是一场在“国家观”导向下的治理体系重塑进程，打破传统“头痛医头、脚痛医脚”的改革思路，取消以地方、局部、部门、群体为利益本位的改革弊端，超越孤立进行分领域改革的割裂式实践。将“国家利益”“国家意志”提升到新高度，在“国家利益”的统摄下，实现经济与社会协调发展，地域之间的统筹发展，群体之间的互助发展；在“国家意志”整合下，实现政府、市场与社会联动、部门联动、政策联动，从而推动中国治理体系进入新的发展阶段。

自党的十二大首次提出“建设有中国特色的社会主义”至今，经济建设始终是中国国家治理的核心要义。在重塑现代国家治理体系过程中，经济发展逻辑成为支配逻辑，即在国家治理的制度体系中，形成以经济制度为中心，其他制度环绕的格局。在此格局中，经济发展既是中国国家治理的目标，同时还是推动国家治理转型的动力。这是因为，社会主义市场经济发展必然引起社会变迁，促使社会形成新的政治和经济期待，同时经济发展本身也会对

①②③ ［新］吴元华．新加坡良治之道［M］．北京：中国社会科学出版社，2014：1．

社会和政治产生新的期待。因此，在社会主义市场经济发展的驱动下，国家治理格局必然发生变化。就中国目前的国家治理体系来看，重新理顺社会保障制度与经济制度之间关系的时机已经成熟。

社会保障制度作为中国特色社会主义市场经济发展的应有之义，与经济发展相辅相成，解决好二者之间的关系问题，不仅具有民生意义，还具有国家战略意义。然而，从社会主义市场经济的长远发展来看，传统社会保障制度的内容及其在国家治理体系中的位置具有两面性。“社会安全阀”“社会减压器”在实现托底稳定功能的同时，也极易产生“社会负担”“救助依赖”的问题。郑功成教授始终强调“理念”在中国社会保障事业发展中的重要意义，用什么样的理念考量社会保障制度，决定了社会保障的内容、水平、在国家治理体系中的位置以及功能。为拓展中国社会保障与经济协同发展思路，需要放眼世界，考察那些社会保障与经济协调发展国家的经验。

## 二、我们要向新加坡学习什么

如果说欧洲经验呈现出来的是一幅现代社会保障在国家治理体系中演进的历史画卷，那么东南亚经验展现的则是东西方逻辑冲突、交融后的生机与力量。其中，新加坡最具发展活力。《2016—2017 年全球竞争力报告》显示，通过对各个经济体进行 12 个方面，即制度、创新、宏观经济环境、医疗卫生和基础教育、高等教育与培训、商品市场效率、劳动力市场效率、金融市场发展水平、技术就绪度、市场规模、商业成熟度及创新的考量后，新加坡是全球竞争力排名第二的经济体，仅次于瑞士；世界经济论坛于 2016 年发布的《全球人力资本报告》显示，在对占世界总人口 90%以上的 130 个国家进行评估后，新加坡在教育质量、健康状况、技能与就业、环境基础四个方面均有突出表现，位居全球第十三、亚洲第二。

经济发展的根本动力是人，终极目标也是为了人。只有将人的发展与经济发展相融合，才是真正的发展。中国改革开放的总设计师邓小平同志指出，中国处于社会主义初级阶段，根本任务是解放和发展生产力。与资本主义社会中的生产力构成相同，社会主义生产力也包括工具、机器、技术等劳动手段，以及劳动者所蕴含的劳动力。然而，与资本主义抑制、忽视劳动力，代之以重视技术创新和资本扩张来实现经济发展的做法不同，马克思曾指出，社会主义的优越性在于将劳动者这个生产力的首要、决定性要素，摆在生产力发展的重要位置上，成为社会生产力发展的出发点和归宿点。由此可见，与资本主义受内生的劳动力维持与资本积累的矛盾困扰不同，社会主义实践应紧紧围绕劳动力发展这一本质要求。那么该如何提升劳动力健康、教育和技能水平，进而转化为经济优势呢？这成为现阶段中国国家治理的关键议题。

新加坡恰好能提供这方面的有益经验。新加坡开国总理李光耀将新加坡定性为社会主义国家，他认为社会主义的本质特点不是高福利，也不是福利均等，而是提供平等的机会，即运用国家力量实现个体能力提高与社会体系开放式运行，努力推动“全民皆劳动力”的个人—社会的共赢局面。[①] 为实现这一目标，从社会与个体两方面入手，消除个体获取机会的障碍，从而实现机会公平分配。就个体而言，通过制度引导个体积极参与社会，形成积极向上、自我负责的内在诉求与奋力前进的危机感；将生命周期理论作为社会保障制度制定的指导理念，对个体发展能力进行早期干预，注重个体健康和教育保障，积极开发与利用劳动力资源；注重个体资产积累，通过制度引导个体形成生命周期内的资产分配理性，保持个体当下和未来应对风险的能力。就社会而言，建设包容性社会体系，尽可能地吸纳社会成员；形成政府监管下的多元治理格局，规制、引导市场与社会力量参与社会保障建设；建立法制化、精细化的制度体系，通过电子政务平台，促使社会保障资源精准、方便、快捷地向个体递送。在此过程中，国家立足于整体利益和长远利益需要，始终扮演个体与社会塑造者的角色，进行美国《新地理》网站执行编辑科特

① ［新］吴元华. 新加坡良治之道［M］. 北京：中国社会科学出版社，2014：1.

金所言的“精明的威权”治理。[①]

## 三、本书的不同之处

目前，中国国内集中介绍新加坡社会保障制度的书很少。在仅有的著作中，通常对新加坡社会保障制度进行狭义理解，介绍内容多围绕中央公积金制度，并未完全展现其制度全貌及其运行机制。中央公积金制度具有鲜明的新加坡本土特色，因缺少互助共济功能，而一度遭受争议，后伴随老龄化社会到来，其纵向积累的优势才得到广泛重视，并开始被其他国家效仿。

本书立足于中国社会保障发展的现实需求，运用中国的“大保障”概念，在新加坡国家治理的制度体系中进行遴选，围绕养老、医疗、住房、妇女儿童、残疾人、慈善等方面，建构了包含社会保险、社会救助、社会福利、社会服务等层面的新加坡社会保障制度架构。全书共分六章，每章分别介绍了制度演进史、管理体系、制度特点、制度现状与内容，以及未来发展动向等。感谢冯文洁、刘延芳、范家绪、徐盛凯等人（按姓氏笔画排序）对本书的贡献。

贾玉娇

---

① ［新］吴元华. 新加坡良治之道［M］. 北京：中国社会科学出版社，2014：3.

# 目　录

# 第一章

# 新加坡养老保障制度

## 第一节　新加坡养老保障制度的历史沿革

新加坡养老保障的主体制度是养老保险制度，亦即养老金制度，具体制度载体为中央公积金制度。因此，本部分重点介绍中央公积金制度的历史演进过程。

第一阶段，1950—1955年，中央公积金制度初建阶段。在这一阶段，新加坡处在被殖民统治之下。第二次世界大战之后，社会矛盾加剧，为了缓和尖锐的社会矛盾，巩固政权，殖民政府对新加坡社会保障制度的基本理念展开了充分的讨论。麦克法德齐恩委员会对养老保险制度与公积金制度之间的优缺点进行了比较和分析，最终得出应该实施缴纳型养老保险制度的结论，但殖民政府以固有的福利理念否定了委员会的这个结论，并于1953年12月，采纳了实施公积金制度的建议。1955年，新加坡开始正式实施中央公积金制度（CPF），与此同时，政府成立了中央公积金局，专门负责中央公积金的管理与运行。①

① 李健，兰莹. 新加坡社会保障制度［M］. 上海：上海人民出版社，2011：61-63.

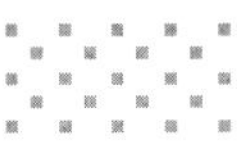


第二阶段，1955—1994年，中央公积金制度发展阶段。一项新制度的推行不可避免地会遇到社会的抵抗和不满，中央公积金制度也是如此。建立之初，民众对中央公积金制度知之甚少，不断质疑该项制度。后来，中央公积金制度实施的初期效果开始显现，再加上政府的大力宣传，使其逐渐为民众所接受。1968年，参与公积金计划的居民开始被允许使用公积金购买政府的公共组屋。[①] 1984年，保健储蓄计划将中央公积金纳入其中。1987年，参与中央公积金制度的民众必须为自身退休后的养老支出预留最低金额的养老金。1990年，健保双全计划建立。在这一阶段中，中央公积金制度的范围和规模不断扩大，获得迅猛发展。

第三阶段，1994年至今，中央公积金制度改革与完善阶段。1997年，中央公积金计划的参与者拥有了更为广泛的投资选择空间，但前提是必须对自己的投资负责。2001年，新加坡经济陷入低谷，为尽快走出低谷，新加坡政府推出了“增长配套”（Progress Package）计划，将财政盈余定期与民众分享，与民众一起共享国家发展成果，共渡难关。时至今日，中央公积金制度依然面临老龄化问题和投资运营的安全性问题等。

除了养老金制度之外，老年人救助、老年人福利和养老服务等也是新加坡养老保障的重要组成部分。

## 第二节　新加坡养老保险制度的管理与运行

### 一、养老保险的管理

新加坡养老保险采用中央公积金制度形式。为了有效管理规模

① 组屋，即组合房屋，政府组屋是新加坡政府推出的，由新加坡建屋发展局承担建设的楼房，主要用来解决中低收入阶层人民住房难的问题。

庞大的公积金，使其良性运行，新加坡设立了中央公积金局，对中央公积金进行统一管理与监督。中央公积金局作为一个独立的系统，在财务上和行政上拥有自主权，实行统一的企业化管理。其开支不由政府承担，而是来自公积金积累额的利息，因此不受政府财政收支丰歉的影响。与此相对应，新加坡政府无权动用公积金款项，只能通过中央公积金局的投资计划，以政府债券的形式有偿借用并如期归还，同时还负有担保公积金价值、偿付公积金贬值损失的义务。

（一）中央公积金局董事会构成

中央公积金局实行董事会领导下的总经理负责制。由政府代表、雇员代表、雇主代表、社会保障专家四方组成，董事会主席和总经理由劳工部委任，任期 3 年。董事会每两个月开会一次，对重大问题进行决策。董事会成员共 12 人，其具体构成见表 1—1。

**表 1—1　　中央公积金局董事会成员构成**

| 董事会成员 | 人数 |
| --- | --- |
| 董事会主席 | 1 |
| 董事会副主席 | 1 |
| 社会保障专家 | 4 |
| 雇主代表 | 2 |
| 雇员代表 | 2 |
| 政府代表 | 2 |

资料来源：李健，兰莹. 新加坡社会保障制度［M］. 上海：上海人民出版社，2011：40-42.

（二）管理体制

中央公积金局设总经理和副总经理各 1 人，日常工作由总经理负责，下设 6 个部，各部门不设副职，全局共 700 多人。作为一个政府部门，中央公积金局具体管理社会保险事业，既是具体政策的

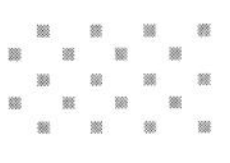



制定者，又是具体政策的实施者。但它又不是完全意义上的政府部门，日常活动按照企业形式管理，依法独立操作。具体管理体制如图 1—1 所示。

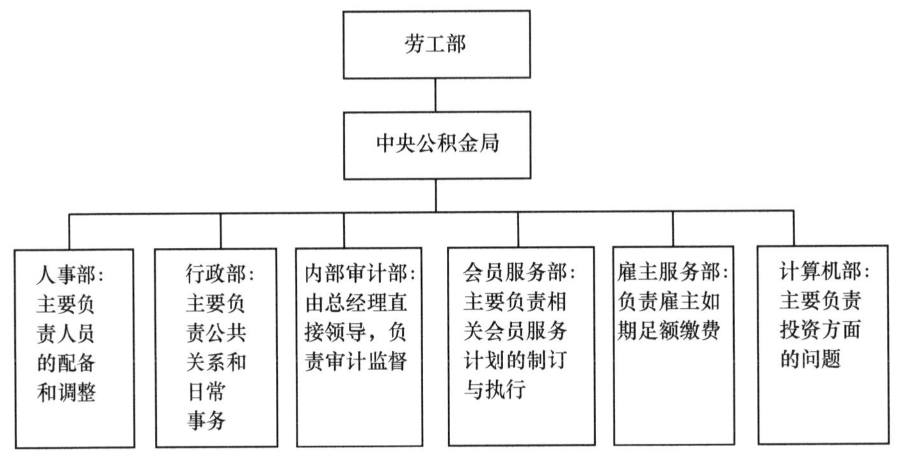


图 1—1　中央公积金局管理体制

资料来源：李健，兰莹. 新加坡社会保障制度 [M]. 上海：上海人民出版社，2011：40-42.

## 二、中央公积金制度的具体运作

在《中央公积金法》的指导下，新加坡政府强制新加坡公民缴纳公积金，为之后养老做储蓄，以实现公民的自我保障。

1. 新加坡政府做出公民缴纳公积金的决策，确定公积金的缴费比例，制定并严格实施《中央公积金法》，使决策规范化，且强制实施。雇主依据政府决策以一定的缴费比例为其雇员缴纳公积金，雇员既承担按相应缴费比例缴纳公积金的义务，又享受由此带来的各种社会保险权利。

2. 作为一家准金融机构，中央公积金局统一、独立管理雇主和雇员双方缴纳的公积金。中央公积金独立于新加坡政府财政之外，筹集、存储、支出、结算独立运行。新加坡政府不仅没有动用公积金存款的权力，而且还担负着担保公积金价值、偿付公积金贬值损失的义务。

3.《中央公积金法》是对整个中央公积金制度的运作过程进行严格规范的法律。作为整个中央公积金制度运作的“发动机”，新加坡政府以“效率优先、机会均等”为目标，指引着中央公积金制度的具体运作。而在这一目标的更深层，即新加坡政府的最终目标是“求生存，谋发展”，这是推动该制度运行的原动力。目标是对社会现实的反映，中央公积金制度运行的目标系统制定的根据是新加坡本质上的脆弱性这一严峻的社会现实。①

## 第三节　新加坡养老保障制度的基本框架

根据新加坡现行养老保障的内容，可以将新加坡养老保障制度的基本框架展示如图1—2所示。

由图1—2可见，新加坡养老保障制度的基本框架是一个内容相当丰富的体系，也是能够适应社会经济发展变化，满足老年人对社会性保障的新需求，并与其他社会保障子系统的改革与发展相协调的一种合理结构。

### 一、养老保险

在新加坡，制度性的老年保障是依靠中央公积金制度来实现的。新加坡中央公积金制度是一项强制性的储蓄计划，其建立之初的目的是为在职雇员的养老建立储蓄基金。

（一）主要内容

新加坡中央公积金制度为“双方负担”，即雇主和雇员共同缴

① 李健，兰莹. 新加坡社会保障制度［M］. 上海：上海人民出版社，2011：40-42.

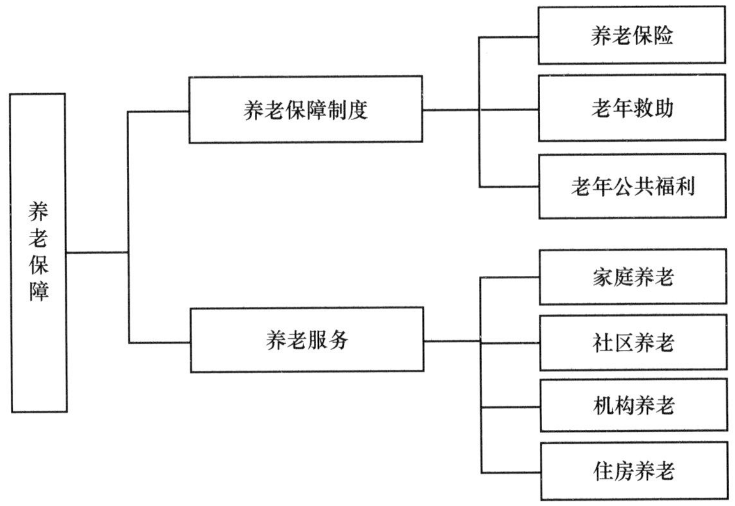


图 1—2　新加坡养老保障制度架构

纳公积金，并且记入雇员的个人账户，由中央公积金局负责对其管理运营。职工达到相应条件时，可从个人账户中领取公积金。

《中央公积金法》明确规定："55 岁以下的公积金会员每月缴纳公积金，公积金记入普通账户、特别账户和保健储蓄账户。55 岁以后公积金会员的普通账户和特别账户中的存款共同转入退休账户，公积金会员个人账户由三个账户变更为两个账户——退休账户和保健储蓄账户。"①

1. 普通账户。在符合中央公积金局具体政策的情况下，普通账户会员可购买公积金保险、帮子女支付教育费用，还可购买住房产业（如政府组屋）等。

2. 保健储蓄账户。该账户主要用于获批准的医疗保健费和医疗费。

3. 特别账户。特别账户主要用于晚年养老和紧急支出，55 岁

① 新加坡《中央公积金法》(Central Provident Fund Act) 第十三条。

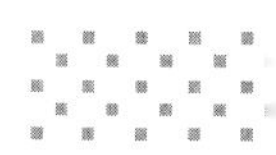

以下存户可转移普通账户的储蓄，将特别账户填补至4万新元，以获得更高的利息。特别账户的存款约占中央公积金存款的1/10。

（二）新加坡养老金制度的运行

1. 中央公积金的筹集

新加坡中央公积金资金来源于雇主和雇员缴费。雇主和雇员双方根据《中央公积金法》规定的缴费率，将应缴费用存入雇员的公积金账户，用于保障雇员的养老、医疗、住房等。值得一提的是，由于中央公积金制度的不断完善与发展，其涵盖的范围越来越广，养老金支出所占总缴费的比例越来越低。中央公积金的具体缴费率则根据新加坡经济的发展水平与当地人均收入的变化进行相应调整。

2. 中央公积金的投资运营

为了实现中央公积金的保值增值，新加坡的中央公积金存款需要进行投资运营，投资工具主要为政府债券、不动产（如房屋、基础设施建设）及工业，具有低风险、低收益等特点。

此外，中央公积金会员可以根据自己的储蓄情况，按照《中央公积金法》规定的投资计划进行投资，但为了防止因盲目投资而造成不必要的资金流失，新加坡政府规定会员要将进行投资的公积金的80%用于购买安全系数最高的政府债券。

3. 中央公积金的领取

（1）55岁时退休账户总额超过最低存款

在保留最低存款的基础上①，中央公积金会员在以下情况下可

① 最低存款计划就是指公积金会员55岁以后，其退休账户要保留一笔最低存款。最低存款规定随着国家社会经济水平的提高而不断调整，其目的是为了更好地保障公积金会员的老年生活。

以领取公积金："一般情况下，当公积金会员年龄达到55岁的；非新加坡居民永久离开新加坡以及马来西亚的；马来西亚居民永久离开新加坡的，经人力资源部部长批准的；疾病致无法工作的；无行为能力的。"①

（2）55岁时退休账户总额低于最低存款

这种情况应先填补退休账户，使其总额达到最低存款。主要方式有四种：①用现金填补退休账户；②继续工作以填补退休账户；③跨账户转移，即把存款从普通账户转移到退休账户；④家属自愿用个人账户来帮助填补退休账户。此外，提取公积金时，保健储蓄账户中也必须保留一定的余额。③

4. 公积金的监督

养老金作为老年人晚年生活的保障，是否安全关系到老年人生活的幸福程度。因此，加强对中央公积金的监督具有极为重要的意义。对公积金的监督主要分为两个方面：一是监督应缴费者是否按时缴费；二是监督是否缴足应缴费用。

《中央公积金法》明确规定，雇主在雇用雇员时必须到新加坡中央公积金局进行注册，以便中央公积金局对其进行管理和监督。超过7天宽限期仍未缴费的雇主，将会受到相应的法律惩罚：①罚金全部由雇主缴纳；②按迟缴天数对雇主每天罚以1.5%的滞纳金。倘若雇主私自扣留了雇员的工资却未帮其缴纳中央公积金，将会被罚款一万新元或被判处两年有期徒刑。针对无钱缴纳罚款的雇主，可以申请查封其资产。③

---

①② 《中央公积金法》(Central Provident Fund Act) 第十五条。

③ 《中央公积金法》(Central Provident Fund Act) 第十六条。

对于没有为雇员缴足公积金的雇主，中央公积金局有权对其进行严格的调查。雇主除了补齐少缴的公积金之外，还会受到相应的处罚。阳光是最好的防腐剂，为方便参与中央公积金计划的雇员对自身公积金缴费情况的了解与监督，中央公积金局为每位参与公积金计划的会员都设定了密码，会员可随时查询自己的公积金缴费情况。为了提升服务质量，中央公积金局积极听取民众建议，不断改善服务。

## 二、老年救助

老年救助并非作为一个专门针对老年人的救助项目单独存在，而是各项救助计划中的一个子集。在公共救助计划、社区关怀中短期援助计划和经济援助计划中，老年人是受助者的主要群体，下面具体介绍三个计划。

（一）公共救助计划（Public Assistance Scheme，简称 PAS）

公共救助计划涵盖以下三部分：（1）增能计划（ComCare Enable），目标群体为包括老年人在内的需要长期救助的人；（2）成长计划（ComCare Grow），目标群体为儿童；（3）自励计划（Self Relianc），目标群体为需要暂时性帮助的人。PAS 计划的管理机构为社会福利局，其资金来源于政府拨款。

最近几年，用于公共救助计划的资金在不断攀升，以 2014 年的救助标准来看，新加坡符合特定条件的老年人每个月有 400 新元的救助金。表 1—2 为新加坡 2000—2013 年公共救助受助者概况。[①]

---

① 周薇，黄道光. 解读新加坡老年社会福利：基于中央公积金制度之外的思考［J］. 东南亚研究，2015（5）：10-15.

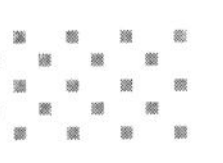



表 1—2　　新加坡公共救助受助者

| 年份 | 受助人数及占总人口比例（人，%） | 老年受助人数（人） | 老年受助者占总受助者比例（%） |
|---|---|---|---|
| 2000 | 2 409 (0.07) | 1 687 | 81.5 |
| 2003 | 2 551 (0.08) | 2 191 | 95.9 |
| 2010 | 2 929 (0.08) | 2 482 | 84.7 |
| 2011 | 3 034 (0.08) | 2 589 | 85.3 |
| 2013 | 3 164 (0.07) | 2 709 | 85.6 |

注：表格中的总人口指新加坡公民及永久居民总数。

资料来源：表格中的数据源根据新加坡国家统计局网站资料计算得出，http://www.singstat.gov.sg/.

由表 1—2 可知，在新加坡接受公共救助的人数占总人口比例较低，并且主要受助者为老年人。在新加坡，满足以下条件的老年人才能获得救助：

1. 国籍方面，新加坡公民或永久居民。

2. 居住地方面，申请者在新加坡境内居住，并且居住期至少 20 年。

3. 年龄方面，男性群体要求 65 周岁以上，女性群体要求 60 周岁以上。

4. 收入方面，由于年老、疾病或穷困的家境，不能去工作，无稳定的收入。

5. 通过贫困测试。

此外，在这一计划下还有针对特定老年人群体的医疗救助计划，符合以下特定条件的老年人当身患疾病时，可以去政府医院或全国综合医院进行免费治疗：①该老年人为新加坡公民或永久居民；②该老年人收入不稳定；③由于年老、疾病或糟糕的家庭环

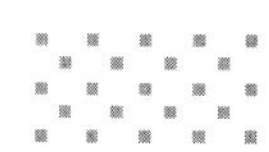

境，致使其无法去工作。[①]

（二）社区关怀中短期援助计划（ComCare Short-to-Medium Term Assistance）

社区关怀中短期援助计划主要针对那些由于疾病无法工作，或者不得不聘请一个全职保姆来照顾自己的群体。他们可以通过“社区关怀中短期援助计划”获得现金补助、医疗援助、职业技能培训、水电费、交通费等帮助。

该项计划的准入条件为[②]：

（1）国籍要求。申请须为新加坡公民或永久居民，或者至少有一个直系家庭成员是新加坡公民；

（2）无工作。由于疾病或不得不去照顾孩子及家人，以致暂时未找到工作；

（3）储蓄少。很少或根本没有储蓄；

（4）收入低。家庭收入在 1 900 新元以下（含 1 900 新元），或者家庭中平均个人收入低于 650 新元（含 650 新元）；

（5）极少的支持。较少或没有家庭的支持，同时也没有储蓄或资产用于日常生活的开支。

（三）经济援助计划（Financial Assistance Scheme，简称 FAS）

经济援助计划主要针对那些在接受政府补贴及其他补贴后，依然无法承担全部医疗费用的群体，该项计划为符合条件的公民提供医疗费。

获得该项计划援助的人需要具备以下条件[③]：

（1）获得政府补贴及其他补贴后依然需要帮助；

---

①② 新加坡银页 https://www.silverpages.sg.

（2）必须是拥有医疗费减免卡或公共援助特别补助金名片的永久居民；

（3）个人储蓄不高于 4 000 新元；

（4）必须在保健基金 3 大计划认证机构（Medifund-accredited institution）认证。

## 三、老年公共福利

（一）老年就业保护政策

老年就业保护政策的主要目标群体为非高龄老年人。为防止老年就业者由于竞争力变低而被排挤出劳动力市场，新加坡政府在政策上给予老年就业者及其雇主优惠。

优惠条件：给予老年雇员就业奖励，鼓励他们在满 62 周岁法定退休年龄后继续工作，并降低雇主和雇员的公积金缴费率等。[①]

新加坡政府政策优惠岗位的特点如下：

1. 技术含量较低

在 55 周岁以上的人口中，受教育水平高低与参与经济活动的人数比例成反比，即 55 周岁以上的就业者受教育水平普遍较低。这些老年人不具备从事技术含量高的职业的相关技能，因此多为从事技术含量较低的工作。

2. 劳动强度较低

随着年龄的增长，老年人体力大不如前，与青壮年就业者相比而言，老年人就业者在体力方面处于劣势。再加之，政府为其提供的岗位大多劳动强度不高，如门卫、清洁工等，因此多数老年人从

① 周薇，黄道光. 解读新加坡老年社会福利：基于中央公积金制度之外的思考［J］. 东南亚研究，2015（5）：10-15.

事劳动强度较低的职业。

此外，新加坡还推出了一项就业支援计划（Employment Support），该计划向老年人提供求职、咨询和职业培训、在职期间的支持等服务，有利于保障和促进老年人就业。[①]

老年就业保护政策与新加坡一直奉行的“工作至上”理念是密不可分的，新加坡强调自立、不养懒汉。因此当老年人需要国家帮助时，新加坡政府并未单纯地提供经济援助，而是通过各种优惠条件来保护其就业，鼓励民众通过个人奋斗来养活自己。

（二）打造老年人宜居的交通系统、住宅系统和城市规划

老年社会福利涵盖老年人宜居环境的塑造。新加坡政府极力为老年人打造舒适的环境，使其老有所乐。

1. 交通系统

新加坡陆路交通管理局（LTA）于2000年开始改造现有的轨道运输地铁站（MRT），以确保老年人能正常乘坐地铁。另外，为方便老年人出行，新加坡政府还推出了无障碍公交车。[②]

2. 住宅系统

新加坡政府特别重视老年活动设施建设，在社区组屋的底层建设乐龄[③]俱乐部、日间活动中心等，为乐龄人提供娱乐、休息的场所，丰富老年人生活。

为了在住宅系统中让住户享受到更优质的服务，新加坡政府在1990年提出“建筑物无障碍系统标准”（Code on Barrier-Free Ac-

---

① 新加坡银页 https://www.silverpages.sg.

② 梁凯雁，孙诣钦. 健康城——新加坡式养老［J］. 城市住宅，2016（1）：6-15.

③ 新加坡通常称“老人”为“乐龄人士”，以“乐”代“老”，体现社会对老年人的尊敬，希望老年人晚年生活祥和安乐。

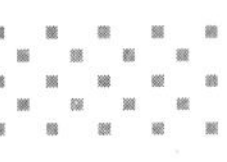


cessibility in Buildings)，并要求此后新建的住宅要满足这一标准。

1998 年，新加坡建屋发展局（HDB）提出无障碍设施及装备标准，在定制住房中供老年人选择。

2001 年，新加坡建屋发展局推出电梯改造方案，让电梯停靠于组屋每一层。

2012 年，新加坡建屋发展局提出了“乐龄易”（Enhancement for Active Seniors，简称 EASE）计划，旨在补贴房屋改造费用，以使老年人的生活更加便捷和舒适。①

3. 城市规划

城市规划遵循原地成长模式（Ageing-in-place），尽可能让每位老年人保持既定的生活环境，并将医疗、俱乐部等相关资源整合到社区中，实现“原地养老”，这样可以给老年人更多的归属感和幸福感。目前，新加坡发展“医养结合”的健康城便是很好的典范。

（三）乐龄教育

1. 定义

“乐龄教育”（elderly education）即对 40 岁以上的乐龄人士所进行的教育。目的是使乐龄人士通过学习来提升自身的知识和技能，保持身心健康，真正实现老有所学、老有所乐，同时也为社会做出更大的贡献。

2. 实施乐龄教育的机构

新加坡主要设立两家机构来促进乐龄教育的开展。

（1）社会发展、青年及体育部（Ministry of Community Development，Youth & Sports，简称 MCYS)，该机构于 2004 年成立，

① 新加坡银页 https://www.silverpages.sg.

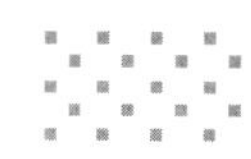

是新加坡应对人口老龄化问题的主导机构。

（2）活跃乐龄理事会（也称第三龄理事会，简称 C3A），该团体于 2007 年 5 月成立，是一个独立性的团体，主要职责是创办和协助开展一些有创意的乐龄活动，向国人推广和传达活跃乐龄理念和相关信息。

C3A 为 MCYS 管理 2 000 万新元的“黄金时机基金”（Golden Opportunities，简称 Go! Fund），该基金用于资助一些通过审核的，为促进活跃乐龄生活的组织或机构。①

3. 具体实现途径

新加坡乐龄教育主要通过老年书法大学、快乐学堂、GSP 项目②和乐龄学院来实现。具体见表 1—3。

**表 1—3　　新加坡乐龄教育的具体实现途径**

| | 老年书法大学 | 快乐学堂 | GSP 项目 | 乐龄学院 |
|---|---|---|---|---|
| 创办年份 | 2004 年 | 2005 年 | 2007 年 | 2008 年创立飞跃乐龄学院[a]，2010 年创办黄金乐龄学院[b] |
| 创办机构 | 新加坡书法协会 | 新加坡东南社区马林百列家庭服务中心[c] | 新加坡新跃大学 | 新加坡飞跃社区服务中心 |
| 创办目的 | 为乐龄人士提供更加优质的文化生活 | 帮助乐龄人士“实现儿时读书的梦想，最终为自己的成就喝彩” | 使乐龄人士也能够进入大学学习，取得相应的学位、证书 | 通过提供优质的社会服务来改善人们的生活 |

① 王冰，谷峪. 新加坡乐龄教育：策略与启示 [J]. 河北师范大学学报，2012（2）：19-23.

② 即“通识教育计划”（Gen-eral Studies Programme，简称 GSP）。

续表

| | 老年书法大学 | 快乐学堂 | GSP 项目 | 乐龄学院 |
|---|---|---|---|---|
| 招生对象 | 国内外 40 岁以上有无书法基础的人都可[d] | 50 岁以上懂简单华语的乐龄人士 | 50 岁以上，通过 GSP 组织的笔试和面试的乐龄人士 | 母语为汉语的乐龄人士 |
| 学习内容 | 书法理论与创作相关文化知识；<br>参与一些课外活动，如观摩展览、出国交流等 | 基础知识与实用技能两个方面，涵盖的主题有老年学、信息技术与社会参与等 | 工程、语言、艺术、科技、烹饪艺术等领域的 150 多门课程学员可以根据个人需要选择一个或多个课程领域 | 自我认知、社交能力（包含家庭生活教育）、心理健康领域的知识，以及音乐、体育、美术等方面的知识 |

注：a. 英文名称为 Active Ageing Academy，简称 A. A.. A。

b. 英文名称为 Golden Age College，简称 G. A. C.。

c. 英文名称为 Marine Parade Family Service Center。

d. 国外包括中国、马来西亚、印度尼西亚等地。

资料来源：王冰，谷峪．新加坡乐龄教育：策略与启示［J］. 河北师范大学学报，2012（2）：19-23.

## 四、家庭养老

家庭养老包含三个维度：（1）经济帮扶；（2）生活照顾；（3）精神慰藉。国家和社会可以在经济帮扶和生活照顾上提供恰当的帮助，但却很难提供精神慰藉。退休后的老年人由于退出工作领域，容易陷入空虚状态，此时更需要家人的交流与沟通，以此获得精神慰藉，安享晚年。因此，家庭养老在养老保障体系中的位置不可小觑。

2015 年新加坡总人口为 553.5 万人，其中 65 岁以上人口为 45.97 万人，占总人口比重的 8.3%。在未来 30 年内，新加坡 65 岁以上的老年人口将达到 80 万人以上，占总人口的 18%；到 2030 年，每 5 名新加坡人当中，将有 1 人超过 65 岁。[①] 新加坡老龄化快

① 联合早报网 https://www.zaobao.com/news/singapore.

速提高使养老保障制度面临巨大挑战。在新加坡的人口构成中，华人占绝大多数，长幼有序、尊老敬老的理念深入人心，再加上政府积极宣传“孝”文化，在全社会努力营造孝敬父母的氛围，使家庭养老在新加坡养老保障中始终发挥基础性作用。正如新加坡国立大学穆贾·亚瑟教授所说，东方国家不应该像西方那样，用简单的制度保障来替代家庭保障。政府的角色应该是弥补家庭保障的不足，帮助子女更好地照顾父母。具体来说，新加坡从道德、法律和福利三个层面为家庭养老保驾护航。

（一）道德层面

在新加坡，孝敬父母被视为评价个人品德的第一标准。不懂得尊老敬老，忤逆父母的人会遭到大家的排斥，会被周围人瞧不起，影响自身人际关系的融洽。

在新加坡，“忠、孝、仁、爱、礼、义、廉、耻”被视为“治国之纲”。新加坡国父李光耀极其重视家庭的作用，将家庭视为“神圣不可侵犯的”，是“巩固国家，永存不败的基础”，特别强调新加坡要依据儒家传统“保留三代同堂的家庭结构”，认为“三代同堂的家庭结构稳固，具有抚育下一代继往开来的巨大潜力”。此外，时任总理吴作栋也曾强调，稳固的家庭是照顾年长国人的需要，是满足年轻人期望的重要基础。正是由于新加坡政府对“孝”文化的高度重视并积极宣传，在道德层面增强了家庭的凝聚力。

（二）法律层面

新加坡政府通过法律强化家庭照顾老年人的责任。

1. 立法

1994 年，新加坡开创先河，制定了《赡养父母法》，并于 1995

年 11 月正式颁布。这项法律是世界上第一个有关赡养父母的法律。《赡养父母法》规定，凡拒绝赡养或资助贫困的年迈父母者，其父母可以向法院起诉，如发现被告子女确实未遵守《赡养父母法》，法院将判决对其罚款一万新元或判处一年有期徒刑。①

2. 设立赡养父母仲裁法庭。1996 年 6 月新加坡根据《赡养父母法》设立了赡养父母仲裁法庭，仲裁法庭由社会工作者、公民和律师组成，主审则由地方法官担任。当有相关案件发生时，先进行调解，调解失败后，仲裁法庭将对此案件进行开庭审理并进行判决。②

3. 监管。新加坡特别注重对法律执行的监管，为此，新加坡建立了严格的老龄工作考评监督与追责制度，对每项指标进行具体的量化监督，以减少主观判断造成的失误。

（三）福利层面

新加坡通过对赡养父母者提供各种福利来推动家庭养老的发展。具体措施如下：

1. 新加坡建屋发展局为符合特定条件的房屋申请者提供便利和优惠

（1）住房优先分配给“孝子”。赡养父母（65 岁以上）1 年以上的家庭，将优先分配到国民租赁住宅；赡养父母 3 年以上的家庭，将优先分配到公共住宅。

（2）三代同堂的家庭在申请政府组屋时，可被优先分配并享受相应的价格优惠。和老年人或与自己的父母共同居住在一起的单身者③，可以享受一定的住房福利。此外，和自己的父母或患有残疾

---

①② 丁煜. 保障和激励，建立支撑我国城市家庭养老健康发展的有效机制［J］. 人口与经济，2001（4）：63-66.

③ 在新加坡单身男女青年不可租赁或购买组屋。

的兄弟姐妹居住在一起的居民，享有“父母及残疾兄弟姐妹税务扣除”的优待。

2. 推出一系列津贴计划

（1）公积金填补计划。在12个“公积金填补计划”（1993年开始推出）中，有4个专为老年人设计的保健金计划。公积金会员在自己的公积金退休账户中存入20～50新元，便可获得100～350新元的政府补贴。每一个公积金填补计划，新加坡政府均给予大力支持，拨款金额总计达五千多万新元，惠及十七八万人口，因此，这是一项利国利民的民生工程。值得一提的是，在“公积金填补计划”推出期间，新加坡政府加大宣传力度，极力呼吁家庭成员为无力填补公积金账户的老年人进行缴费。[①] 公积金填补计划的推行，一方面增加了老年人的养老金数额，使老年人生活更有保障；另一方面强化了家庭成员的互助意识，增进了家庭团结。

（2）三代同堂花红计划。即对于和自己年老父母居住在一起的居民，其收入的免税额增加到5 000新元，而为祖父母填补公积金退休账户的人，也可有一定额度的免税额。[②] 这项计划对“尽孝者”提供优惠，积极引导全社会尊老爱老，助推家庭养老发展。

3. 针对政府公务人员，推出“顾老事假”

新加坡总理李显龙曾批示道：“随着我国人口迅速老龄化，家庭单位也在日益缩小，家中有年长父母的公务员需要时间照顾长辈。制定一个特别的照顾父母事假的新法律，不仅标志着一个国家的文明进步程度，而且有助于每个家庭进一步和睦相处。”2011年，总理公署正式向全社会宣布：从2012年1月1日起，新加坡公务员

①② 联合早报网 https://www.zaobao.com/news/singapore.

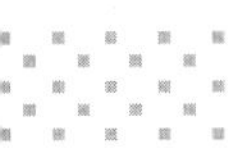


可在无须提供父母生病医生证明书的情况下，每个月请两天照顾父母或配偶父母的事假。同时在直系亲属过世时，也可请三天的丧事假。①

新加坡推出的“顾老事假”是一项极具人文关怀的法律，这和新加坡一直强调的“原地养老”模式相辅相成，为老年人提供了社会养老无法提供的精神慰藉，有利于老年人身心健康发展，同时也增强了家庭的凝聚力，在全社会形成了尊老爱老的良好风气。

正是因为新加坡政府从道德、法律和福利三个层面为赡养老年人的家庭提供了得力的经济援助和精神抚慰，使老年人在住房、医疗等方面享受到实惠，因此绝大多数新加坡人选择家庭养老方式，便利之余还能享受天伦之乐。

## 五、社区养老

社区作为社会的基本单元，其作用越来越受到各国的重视。由于社会不断发展，传统的家庭结构日益缩减，“421”家庭结构日益增多，为补充家庭养老功能，新加坡大力发展社区“原地养老”。

### （一）社区

新加坡社区的基本单元是选区，很多政策的推行和落实都是建立在选区的基础之上。

人民协会是全国社区组织的总机构。新加坡按行政区划把全国划分为5个区：市中区、西南区、东南区、东北区、西北区，每个区都有自己区属的社区发展理事会。每个社区发展理事会又下设选区，新加坡共有84个选区。每个选区设有公民咨询委员会和市镇理事会。

① 张达明. 新加坡的顾老事假［J］. 新湘评论，2012（20）：58.

社区发展理事会承担的职能中涵盖养老服务。公民咨询委员会负责“上传下达”：向政府反映当地居民的问题与需求，向居民传达政府的政策信息和有关活动安排，这样的制度设计为社区养老的顺利推行奠定了坚实的基础（见图 1—3）。

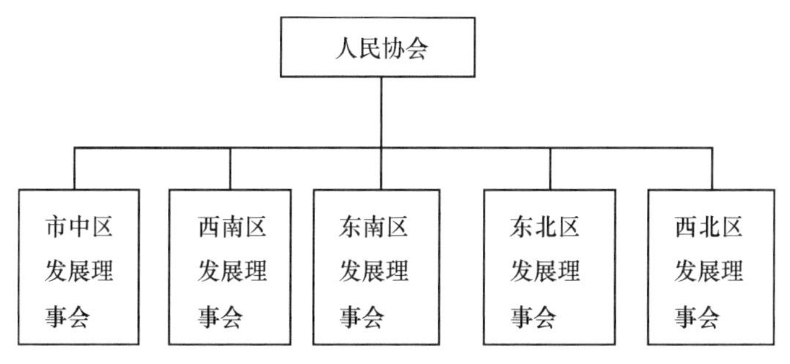


图 1—3　新加坡社区组织结构图

资料来源：丁传宗．政府主导下的新加坡社区建设：经验与借鉴［J］．中共福建省委党校学报，2008（9）：22-28.

（二）社区养老的主要内容

社区养老是以家庭为主、社区机构为辅的养老模式。在为老年人提供居家照料服务方面，以上门服务为主，托老所服务为辅的养老模式。社区养老的最终目的是使老年人在熟悉的家庭和社区环境中享受更好的晚年生活。

自 1998 年以来，新加坡政府提供的以社区为依托的老年照顾服务，是老年家庭养老的服务项目之一，目的是为身体状况欠佳的老年人提供医疗卫生服务，以便他们可以在自己居住的社区中养老。

新加坡政府大力支持社区养老，为了让老年人能享受到更多的优质服务，安享晚年，社会发展、青年及体育部于 2011 年为老年人活动中心、日间护理中心和家政助理服务这三个项目进行财政扶持。之后，政府不断增大对社区养老的财政支持力度。

社区养老的核心在于提供优质的社区服务，新加坡社区养老服务的种类繁多，其主要类型如下所示。

1. 照顾者支持和培训（Caregiver Support and Training）计划

照顾者支持和培训计划主要是通过培训提高照顾者助人的技巧和水平，以利于他们更好地去照顾服务接受者。该项计划主要提供三种服务：（1）支持信息、资源和服务联动；（2）学习如何去照顾老年人；（3）学习一些应对技巧，加深对精神障碍的理解。[①]

2. 社会日间护理中心（Social Day Care Centres）

社会日间护理中心主要为老年人提供三种服务：（1）个人护理，个人护理不包括医疗方面的护理，而是提供像洗澡、换衣服等方面的服务；（2）社交及娱乐活动，通过这些活动缓解老年人压力，帮助其减少内心烦恼；（3）维持锻炼计划。[②]

3. 社区个案管理服务（Community Case Management Services）计划

社区个案管理服务计划的目的是帮助老年人重塑对老年生活的认知，通过个案社会工作和团体社会工作促进老年人身心健康发展，使他们老有所学、老有所乐。

4. 咨询服务（Counseling Services）

咨询服务的目的就是为老年人答疑解惑，通过专业的咨询帮助老年人找到所咨询问题的症结所在，促进自身能力的提高。提出一个问题比解决问题更重要，咨询服务还可以锻炼老年人发现问题的能力。

5. 家政助理服务（Home Help Services）

家政助理服务主要向老年人提供洗衣服、煮饭等一系列家务事

---

①② 新加坡银页 https://www.silverpages.sg.

项的帮助，其目标群体是无法做家务的两类老年人：独居老年人和身体虚弱需要照顾的老年人。

6. 老年活动中心（Senior Activity Centre）。老年活动中心一般位于组屋的底层，老年人可以在这里聊天、锻炼身体或举办有趣的活动。老年活动中心提供的主要服务有：（1）老年人交友服务；（2）娱乐和社会活动；（3）健康检查。老年人从工作岗位退休后极易陷入空虚状态，多参加老年活动中心组织的活动，有利于其重新找回自身价值感，有利于其身心的健康发展。

7. “康乐计划”（Wellness Programme）。2008 年，新加坡卫生部和新加坡社会发展、青年及体育部于 2008 年合作推出“康乐计划”，在全国增设“康乐中心”。该项计划提供以下服务：（1）日常护理；（2）健康检查；（3）开展社区活动和信息咨询。

8. 家庭照顾（Home Care）。家庭照顾主要为在家中的老年人提供相关服务，更好地推动“原地养老”。具体服务，见表 1—4。

**表 1—4　　新加坡家庭照顾项目表**

| 家庭照顾项目 | 对象 | 提供的服务 |
| --- | --- | --- |
| 家庭医疗（Home Medical） | 家中的老年人 | 1. 帮助老年人管理疾病<br>2. 对照顾者进行有关健康方面的培训<br>3. 提供家庭服务，如送餐、经济救助等 |
| 家庭护理（Home Nursing） | 家中卧病在床的老年人 | 1. 护理<br>2. 药物治疗<br>3. 照顾者培训 |
| 临终关怀家庭照顾（Hospice Home Care） | 家中的临终病患 | 1. 照顾者培训<br>2. 暂时性治疗<br>3. 心理支持 |
| 医疗护送和运输（Medical Escort and Transport） | 家中无法独立接受医疗预约和治疗的独立病患 | 1. 专业医疗运输服务，帮助病患从家中到医院预约、治疗，并且负责将其送回家中<br>2. 医疗护送服务，如提醒病患下次预约等 |

续表

| 家庭照顾项目 | 对象 | 提供的服务 |
|---|---|---|
| 家庭个人照顾（Home Personal Care） | 家中的老年人 | 1. 帮助日常生活活动，如洗涤、如厕、转移、洗衣等<br>2. 个人卫生照顾<br>3. 药物帮助<br>4. 简单维护练习等活动 |
| 送餐服务（Meals-on-Wheels） | 家庭成员 | 1. 送饭<br>2. 满足客户的饮食需求，如选择清真食品或其他特殊食品 |

资料来源：新加坡银页 https://www.silverpages.sg.

9. 开办“乐龄俱乐部”。新加坡于1978年首创“乐龄俱乐部”，其目的是帮助老年人摆脱对自身消极的固化认知。

俱乐部时常举办一些有意义的活动，如生日派对、座谈会、提高安全意识活动、舞蹈、汉语课、各类讲座等。近几年还出现了“返老还童俱乐部”。该俱乐部是由一位才华横溢的70岁心理医生创立的。孩子们喜欢的玩具和游戏被搬进了“返老还童俱乐部”。通过参加趣味性的活动，老年人不仅得到了锻炼，而且获得了愉悦的心境。

现如今，新加坡约有三分之一的老年人活跃在丰富多彩的社区活动之中。新加坡各种社区养老服务的出现，改善了老年人的晚年生活，老年人不仅在身体方面得到了照料，而且在精神方面也体会到了极大的愉悦。

社区养老除了为老年人提供更完善的社区服务之外，还让老年人实现家庭养老，这意味着将会有更多的老年人能够在熟悉的家庭和社区环境中生活，他们可以更加方便地得到社区和家人的关怀与照顾，真正实现“原地养老”（ageing-in-place）。

## 六、机构养老

随着新加坡家庭规模日渐缩小，家庭照料资源日益减少，家庭养老和社区养老已经难以应对老年人的照料需求。作为多元养老服务中的一种，机构养老为老年人提供一站式的生活照顾、护理、精神慰藉等专业化的养老服务，而且服务设施比较齐全，护理人员配备充足，更加贴近老年人的切身需求。

（一）机构养老的含义

机构养老是指为老年人提供健康管理和生活照料等综合性服务的养老模式。机构养老与家庭养老和社区养老不同，是院舍照顾的一种，老年人主要是生活在独立于家庭和社区的、住宿式的养老机构内。

新加坡从三个方面对养老机构进行大力扶持：一是政府作为投资主体参与养老设施建设；二是政府对养老机构的运作提供不同层次的补助；三是实行“双倍退税”的鼓励政策，允许国家认可的养老机构面向社会募捐。[①]

（二）机构养老的形式

新加坡政府大力支持机构养老的发展，养老机构日渐增多，目前，新加坡有五种机构养老形式。

1. 庇护所和社区家园（Shelters and community homes）

庇护所和社区家园是建立在社区中的养老机构，不同于养老院的是，住在庇护所的老年人必须具有自由行走的能力。

（1）准入条件：①可以自己走动；②没有家庭或照顾者的老年

---

① 张善斌. 新加坡老年人照料经验及其启示［J］. 中公民政，2006（10）：33-34.

人。[①]

（2）提供的服务：①住宿、膳食、洗衣服、社会康乐活动等服务；②经济支援；③信息及转介服务。

2. 社区医院（Community Hospitals）

社区医院是为从大医院出院的老年人提供一种过渡性服务的机构。刚出院的老年人需要2～4周时间恢复体能，回归正常生活，社区医院即为这些老年人提供康复和短期护理服务。目前，新加坡共有七家为老年人提供康复和短期护理的社区医院。

（1）准入条件：①从大医院出院后仍需住院进行康复和短期护理的老年人；②必须由大医院中熟悉老年人病情的医生推荐，如果符合社区医院的条件，相应的社区医院会通知老年人。

（2）提供的服务：①药物治疗（Medical treatment）；②其他治疗（Therapy），包括物理疗法、职业治疗法和言语疗法；③照顾者培训（Caregiver Training），对照顾者进行科学有效的指导和培训。[②]

3. 疗养院（Nursing Home）

疗养院即养老院，养老院用于照顾那些不能在家或社区养老的老年人。

（1）准入条件：①因疾病致使身体或精神残疾；②使用轮椅或卧床不起，需要日常护理和帮助活动，例如行走或去卫生间等需要帮助；③已经尝试了其他的护理选择，例如雇用一名家政工作者，使用日托、居家护理等；④家庭或服务提供者无法在家照顾；⑤通

①② 新加坡银页 https://www.silverpages.sg.

过长期补贴的测试（Pass means-test for long-term subsidies）。[①]

（2）提供的服务：①护理；②日常生活照顾，包含吃饭、洗澡、去卫生间等。

4. 精神病疗养院（Psychiatric Nursing Home）

精神病疗养院负责照顾患有精神病的患者，通过治疗，帮助患者获得身体和精神的健康。

（1）准入条件：患有精神病者皆可申请入住。

（2）提供的服务：①普通的护理；②治疗服务；③医疗保障。[②]

5. 临终关怀机构（Hospices）

1990 年，世界卫生组织的专家委员会将临终关怀定义为："对身患绝症的病人及其家属提供积极的、全方位的治疗。"[③] 在临终关怀机构，绝症患者及其家庭将得到帮助，例如帮助绝症患者客观应对死亡的过程，提供一些缓解痛苦的方法，促进他们从心理上接受死亡。这些患者在临终关怀机构通常不会超过三个月。

（1）准入条件

新加坡提供完全免费的临终关怀服务，不论患者年龄、种族、经济状况甚至国籍，只要身在新加坡，即使是来看病的外国人，如被医生诊断为末期病人，寿命少于 1 年，均可享受免费的临终护理服务。

（2）提供的服务：①症状管理（Management of Symptoms），针对诸如疼痛、恶心、呕吐等症状进行治疗与管理，以减轻病人痛苦；②临时看护（Respite Care），为进入临终关怀机构的人提供短

①② 新加坡银页 https://www.silverpages.sg.

③ Sham. MK. Hospice care for patients with terminal cancer [J]. Hong Kong Med Assoc，1992.

期照顾；③临终护理（End-of-Life Care），针对在疾病最后阶段的病患进行临终护理。[①]

总之，对于老年人的最后时光，新加坡政府和慈善机构共同建立了一套完全免费的临终护理体系。

## 七、住房养老

（一）住房养老的发展历程

1. 破冰期：私有商品房住房养老

新加坡职总英康保险合作社的保险公司于1997年第一次将私有商品住房养老的业务付诸实践。此项业务是“反向按揭”，即老年人（特指60岁以上，并且拥有商品房的老年人）把自己的私有房屋抵押给该保险公司，保险公司按双方签订的合同给老年人一定数量的金钱用于养老。

在具体的实践中，以私有商品住房养老的业务并未在新加坡广泛推广。其原因主要有两个方面。

（1）受众面窄。此项住房养老业务的目标群体为有私有商品房的老年人，但是新加坡80％左右的居民住在政府的组屋之中，商品房私有率大约为20％，这就把绝大多数人排除在商品房住房养老之外。

（2）风险较大。由于该住房养老业务处于新生阶段，尚未成熟，有较大的风险性，居民经过权衡利弊后参与度较低。

2. 推进期：政策性住房养老

为了深入推广住房养老模式，新加坡建屋发展局于2006年将组屋也列入住房养老的业务之中。拥有政府组屋的老年人可以用自己

① 新加坡银页 https://www.silverpages.sg.

的组屋在建屋发展局换取相应的费用用于养老，老年人在组屋回购期间依旧被允许住在自己的组屋中。

政策性住房养老业务较私有商品房住房养老而言，获得了一定的成功。原因如下：

（1）受众面变宽。把拥有政府组屋的老年人纳入住房养老业务之中，有资格参与该业务的老年人相应增多。

（2）安全性增强。政府（建屋发展局等部门）参与到政策性住房养老业务之中，由于政府公信力高，相关法律法规完善，使得住房养老的安全性高，人们也相应降低了对风险的担忧。

此外，拥有组屋的老年人还可以选择其他住房养老方式，例如人们“以大换小”，将自己的组屋部分或全部出租，利用租金进行养老；即用大屋换小屋，用两者之间置换的差价保障老年生活等。

历经20多年的发展，新加坡的住房养老不断向纵深推进，住房养老方式逐渐由单一走向多元，参与主体的范围也不断扩大。

（二）住房养老的形式

现今，新加坡的住房养老方式有三种：第一种即为私有商品住房养老；第二种属于政策性住房养老，分别为部分或全部出租组屋，利用租金养老；第三种是用大组屋换取小组屋，利用二者间的差价养老。

1. 反向按揭

新加坡允许60岁以上拥有私人商品房的老年人，通过将房子抵押给符合条件的相关金融机构，获得相关机构分期或一次性支付的一定数量的金钱，用于养老。抵押房产的老年人依旧在原有的房屋内生活，老年人去世后，剩余的货币可以继承，但私有商品房的产权归相关金融机构所有。

2. 将组屋部分或全部出租，利用租金养老

在新加坡，老年人可以将组屋部分或全部出租来获取租金用于养老。新加坡国家发展部 2013 年的调研数据显示，新加坡满 55 岁的组屋屋主达 25.4 万人，占屋主总数的 30%，其中将近 80%的老年人已付清组屋贷款。在这些老年人之中，将组屋出租者约占总数的 10%。[①]

值得一提的是，新加坡“屋契回购计划”于 2009 年推出。在该项计划中，符合相应条件的老年人可以把自己所住的两室或三室组屋[②]的屋契经由建屋发展局套现，之后以 30 年的租约形式继续生活在同一间组屋之中。参与“屋契回购计划”的老年人应具备的条件如下：①符合中央公积金最低存款提取年龄规定；②家庭月收入低于 3 000 新元；③名下无其他房产。

3. “以大换小”

对于居住房屋面积较大的老年人而言，他们的孩子已经长大成人并搬出一块居住的房屋，这样的老年人可以“以大换小”，即把现有的较大住房置换成相对较小的住房，利用两者之间的差价获得金钱，用于养老。采取“以大换小”方式养老的老年人可以依据自身经济状况选择分期或一次性完成房屋的“以大换小”。

新加坡政府于 2013 年 2 月推出并正式实施“乐龄安居花红计划”。该项计划支持拥有大型组屋的老年人将房产置换为小型公寓或较小的组屋，政府给予这些老年人“乐龄安居花红”。[③] 值得注意

① 徐田华. 形式多样的新加坡“以房养老”[N]. 学习时报，2013 (2)：1-2.

② 相当于一居室或两居室。

③ 这一花红最多可达两万新元。

的是，通过“以大换小”获得收益的一部分必须先填补老年人中央公积金退休账户，其余部分收益则可一次性全部提取。

## 第四节　新加坡养老保障制度的未来动态

### 一、养老服务信息化

为了帮助老年人选择更优质的养老服务，新加坡综合护理机构（Agency for Integrated Care，简称 AIC）于 2011 年建立了一站式照护服务网站——“新加坡银页”（Singapore Silver Pages，简称 SSP），该网站为老年人及其照护者提供便捷、全面的老年保健服务信息。

该网站对养老服务的分类非常精细，具体见表 1—5。

表 1—5　　新加坡银页详情

| 经济援助 | 保健服务 | 看护 | 工具 | 资源库 |
|---|---|---|---|---|
| 1. 概观<br>2. 年迈者（Elderly and Seniors）：老年人流动和扶持基金（SMF）、乐龄易（EASE）计划等<br>3. 护理人员：看护者培训补助金（CTG）<br>4. 外籍家庭佣工：外籍家庭佣工资助、外籍家庭佣工（FDW）征税优惠 | 1. 概观<br>2. 家庭护理：家庭医疗、高级家庭护理等<br>3. 日间护理：日间康复中心、老年活动中心等<br>4. 原地护理（Stay-In Care）：社区医院、精神病疗养院、临终关怀机构等 | 1. 概观<br>2. 入门：老年人及其照顾者支持、照顾者预期、家庭讨论等<br>3. 训练：照顾者资料袋、照顾者培训等<br>4. 积极照顾（Active Caregivers）：高级护理计划、规划愿望、紧急情况准备等 | 1. 概观<br>2. E-CARE 定位器<br>3. 自我评估工具<br>4. 活动日历<br>5. 移动应用 | 1. 概观<br>2. 常见慢性病<br>3. 心理健康状况<br>4. 视频库<br>5. 出版物<br>6. 本地化地图<br>7. 新闻和文章<br>8. 申请表格 |

续表

| 经济援助 | 保健服务 | 看护 | 工具 | 资源库 |
|---|---|---|---|---|
| 5. 其他：乐龄健保计划、金融援助计划、家属保障计划等 | 5. 临时护理（Respite for Caregivers）：周末临时护理、疗养院临时护理<br>6. 心理健康：家访、照顾者支持和培训、就业支援、心理辅导等<br>7. 其他：社区健康中心、出租车运输服务等 | 5. 照顾者福利：获得休息、管理负面情绪、照顾者支持团体的帮助等<br>6. 看护结束（End of Caregiving）：筹备葬礼、死亡后的事宜、悲伤管理等<br>7. 看护故事<br>8. aicare 链接：有关护理需求的资源中心 | | |

资料来源：新加坡银页 https://www.silverpages.sg.

值得一提的是，“新加坡银页”还有养老服务提供者的名称、详细地址、服务项目、联系方式等信息。访问者可以通过 SSP 上的 E-CARE 定位器（E-care Locator），根据服务提供者的名称、服务类型、具体地址来搜索所需的养老服务。“新加坡银页”还提供了热线电话号码和相关的网站链接。

除此之外，通过新加坡政府网站的 E-Citizen 子网站，新加坡居民可以利用关键词检索搜索医保制度，长期照护体系的付费、收费、服务种类情况，以及“两癌”筛查（宫颈癌和乳腺癌），“建国一代配套计划”，阿尔茨海默病（老年性痴呆）及病人服务等相关信息。为了方便不会上网的老年人，该网站还提供了热线电话。随着科技的日新月异，新加坡养老保障将会朝着信息化的方向逐步深入。

## 二、健康城

新加坡勾画出“健康生活每一天”大蓝图，计划在 2020 年，把健康生活意识带到触手可及的每个工作场所、学校、家庭。在“健康生活每一天”大蓝图之下，发展“医养结合”的健康城已成为养老保障不可抵挡的趋势。

为了应对人口增长，新加坡于1991年推出了区域组团化发展的概念规划方案。为了契合此战略，特别是应对人口老龄化，新加坡在全岛依托六大公立综合医院，集结基层医疗（普通或专科诊所和门诊中心）、急症医疗（综合及专科医院）、亚急症医疗（社区医院）、长期护理（疗养院和退休村）、安宁护理（临终关怀所）等形成六大区域健康城。每个健康城中的各个医养组织机构既独立又相互协作，共同预防疾病、诊断疾病和治疗疾病，推动健康城深入发展。六大医养集群形成城市网状分布、互相支持的医养服务体系。

新加坡健康城有以下三个独特的空间特征：

首先，健康城与周边环境整体有机共生。覆盖率极高的绿色植被将健康城与周边的噪声隔离开，为病患和服务提供者创造了清新舒适的环境。

其次，健康城域内一体化、无缝衔接的连续护理，构建了一个功能多样的医疗、疗养综合社区。城内居住者从看专科医生、住院再转到社区医院休养，以及去临终关怀机构，均可在健康城内完成。此外，周边社区定期会有医院派出的健康检查车来进行健康宣传，并有医疗专家专门为特定人群检查身体。

最后，健康城拥有高效便捷的交通网。系统性绿廊连接健康城、地铁站和周边社区，以空中无障碍连廊串联医疗空间，自动扶梯、电梯帮助快速转诊，为城内居住者提供了快速安全的交通环境。

新加坡主要养老保障计划汇总具体见表1—6。

表1—6　　新加坡主要养老保障计划汇总表

| 计划类别 | 计划名称 | 计划内容 |
| --- | --- | --- |
| 养老保险 | 中央公积金制度 | 养老金制度是隶属中央公积金制度的最为重要的子集。政府强制新加坡公民缴纳公积金，为养老储蓄，以实现公民的自我保障 |
| 老年救助 | 1. 公共救助计划 | 公共救助计划包含三项内容：<br>①增能计划，目标群体为包括老年人在内的需要长期救助的人<br>②成长计划，目标群体为儿童<br>③自励计划，目标群体为需要暂时性帮助的人 |
| | 2. 社区关怀中短期援助计划 | 针对那些由于疾病无法工作，或者不得不聘请一个全职的保姆来照顾自己的居民，可以通过该计划获得现金补助、医疗援助、职业技能培训、水电费、交通费等帮助 |
| | 3. 经济援助计划 | 针对那些在接受政府补贴及其他补贴后，依然无法承担全部医疗费用的群体，该项计划为符合条件的居民提供医疗费 |
| 老年公共福利 | 1. 就业支援计划 | 该计划向老年人提供咨询和职业培训、在职期间的支持和求职及应用服务，以利于保障和促进老年人就业 |
| | 2. 乐龄易计划 | 旨在补贴房屋改造，以使老年人的生活更加便捷和舒适 |
| | 3. 乐龄教育 | 即对40岁以上的乐龄人士所进行的教育。目的是使乐龄人士通过学习来提升自身的知识和技能，保持身心健康，真正实现老有所学、老有所乐，同时也为社会做出更大的贡献 |
| 家庭养老 | 1. 公积金填补计划 | 在12个“公积金填补计划”（1993年开始推出）中，有4个专为老年人设计的“敬老保健金计划”。公积金会员在自己的公积金账户中存入20～50新元，便可获得100～350新元的政府补贴 |
| | 2. 三代同堂花红计划 | 即对于和自己年老父母居住在一起的居民，其免税额增加到5 000新元，而为祖父母填补公积金退休账户的人，也可有一定额度的免税额 |
| | 3. 顾老事假 | 从2012年1月1日起，新加坡公务员可在无须提供父母生病医生证明书的情况下，每个月请两天照顾父母或配偶父母的事假。同时在直系亲属过世时，也可请三天的丧事假 |

续表

| 计划类别 | 计划名称 | 计划内容 |
|---|---|---|
| 社区养老 | 1. 照顾者支持和培训计划 | 照顾者支持和培训计划主要是通过培训提高照顾者助人的技巧和水平，以利于他们更好地去照顾服务接受者 |
| | 2. 社会日间护理中心 | 社会日间护理中心主要为老年人提供三种服务：<br>①个人护理。并非提供医疗方面的护理，而是提供像洗澡、换衣服等服务<br>②社交及娱乐活动。通过这些活动缓解老年人压力，帮助其减少内心烦恼<br>③维持锻炼计划 |
| | 3. 社区个案管理服务 | 帮助老年人重塑对老年生活的认知，通过个案社会工作和团体社会工作促进老年人身心健康发展，使他们老有所学、老有所乐 |
| | 4. 咨询服务 | 为老年人答疑解惑，通过专业的咨询帮助老年人找到所咨询问题的症结所在，促进自身能力的提高 |
| | 5. 家政助理服务 | 帮老年人洗衣服、煮饭等一系列家务事项。该项服务的目标群体是单独一个人居住的老年人、由于身体虚弱致使需要照顾的老年人，并且他们自身或照顾者皆无法做家务 |
| | 6. 老年活动中心 | 一般位于组屋的底层，老年人可以在老年活动中心聊天、锻炼身体或举办有趣的活动 |
| | 7. 康乐计划 | 该项计划提供以下服务：日常护理、进行健康检查、开展社区活动和信息咨询 |
| | 8. 乐龄俱乐部 | 举办一些有意义的活动，例如生日派对、座谈会、提高安全意识活动、汉语课、各类讲座、舞蹈等丰富多彩的活动 |
| 机构养老 | 1. 庇护所和社区家园 | 庇护所和社区家园是建立在社区中的养老机构，不同于养老院的是，住在庇护所的老年人必须具有自由行走的能力 |
| | 2. 社区医院 | 社区医院是为从大医院出院的老年人提供一种过渡性服务的机构。刚出院的老年人需要 2～4 周时间恢复体能，回归正常生活，社区医院即为这些老年人提供短期护理和康复 |
| | 3. 疗养院 | 照顾那些不能在家和社区养老的老年人 |
| | 4. 精神病疗养院 | 精神病疗养院照顾患有精神病的患者，通过治疗，帮助患者获得身体和精神的健康 |
| | 5. 临终关怀机构 | 在临终关怀机构，绝症患者及其家庭将得到帮助，例如帮助绝症患者客观应对死亡的过程，提供一些缓解痛苦的方法，促进他们从心理上接受死亡 |

续表

| 计划类别 | 计划名称 | 计划内容 |
| --- | --- | --- |
| 住房养老 | 1. 屋契回购计划 | 该项计划使符合相应条件的老年人可以把自己所住的两室或三室组屋的屋契，通过建屋发展局套现，之后以30年的租约形式继续生活在同一间组屋之中 |
| | 2. 乐龄安居花红计划 | 该项计划支持拥有大型组屋的老年人将房产置换为小型公寓或较小的组屋，政府给予这些老年人“乐龄安居花红” |

# 第二章
# 新加坡医疗保障制度

## 第一节　新加坡医疗保障制度演进

### 一、新加坡医疗保障制度的历史沿革

1983年，新加坡卫生部颁布《国家健康计划蓝皮书》（The National Health Plan——A Blue Paper），该报告提出，国家健康计划的目标是通过主动的疾病预防和健康生活方式的宣导，来保证全民积极、健康和富有劳动能力的状态。1984年4月，保健储蓄计划（Medisave）开始实施，同时决定改革政府公立医院，实行企业化运作。然而，1984年之前，新加坡实施全民医疗保险模式，由政府负担全部医疗费用，个人看病无须负担任何费用，导致新加坡政府面临沉重的医疗费用负担。随着国际石油价格的大幅上涨，资本主义国家的经济受到滞胀的巨大冲击；与此同时，科学技术的发展带来各种新型医疗器械的研发与应用，各国人民的健康水平得到提高，寿命普遍延长。医疗成本的增加，人口老龄化的到来，均使得新加坡医疗费用持续增长。为此，新加坡政府决定改变过去国家单方负责、对个人医疗费用大包大揽的做法，建立保健储蓄计划，提出由国家和个人共同负担医疗费用，强调个人在医疗保险中的责任，形

成以个人责任为主、国家责任为辅的制度形式，以此保障新加坡医疗保障制度的可延续性。

1990 年 7 月，新加坡政府针对严重疾病的大额医疗费用，推出具有很强社会医疗保险性质的综合健保双全计划（Integrated Shield Plans）。1994 年 7 月，新加坡针对有较高医疗服务需求的人群提出增值健保双全计划（Medishield Plus），并于 2010 年改革为综合健保双全计划，交由商业保险公司进行管理。[①] 其性质与中国的城乡居民大病保险类似，旨在保证大病、重病患者的医疗服务。2015 年 11 月，新加坡政府又推出终身健保双全计划（Medishield life）。

1993 年 4 月，新加坡建立了具有社会救助性质的保健基金（Medifund），旨在救助徘徊在贫困线边缘的弱势群体。2007 年 11 月，政府推出同样具有社会救助性质的乐龄保健基金（Medifund Silver），对 65 岁及以上的新加坡居民提供医疗援助。2013 年 3 月，政府又推出少儿保健基金（Medifund Junior），为 18 岁以下的人群提供医疗援助。[②]

2002 年 6 月，为应对人口老龄化，保障老年人的基本医疗需求，新加坡政府推出乐龄健保计划（Eldershield）。2007 年 9 月，新加坡政府推出乐龄健保补充计划（Eldershield Supplements），提高对老年人的护理水平，见表 2—1。[③]

**表 2—1　　新加坡医疗保障发展时间表**

| 年份 | 项目 |
|---|---|
| 1984 | 保健储蓄计划 |
| 1990 | 健保双全计划 |
| 1993 | 保健基金 |

①②③ 冯鹏程，荆涛. 新加坡保健储蓄计划研究及启示 [J]. 社会保障研究，2013 (6)：94-95.

续表

| 年份 | 项目 |
|---|---|
| 1994 | 增值健保双全计划 |
| 2002 | 乐龄健保计划 |
| 2007 | 乐龄健保补充计划 |
| 2007 | 乐龄保健基金 |
| 2010 | 综合健保双全计划 |
| 2013 | 少儿保健基金 |
| 2015 | 终身健保计划 |

## 二、新加坡医疗保障的现状

新加坡的医疗保障以公民的个人责任及可负担医疗费用为双重原则构建医疗保障的融资体系。通过混合融资体系，利用市场机制来促进医疗供给方的竞争并增加竞争的透明度，通过提高技术来提供更好的医疗服务。目前，新加坡对医疗保险的开支大约占本国 GDP 的 4%，在发达国家中水平偏低。①

为向公民提供不同层次的保障，确保没有人因支付能力不足而无法享受充分的医疗服务，新加坡形成了广覆盖、多层次的医疗保障体系，可概括为“S+3Ms”，具体如图 2—1 所示。

S+3Ms
- 政府津贴（Subsidies）→属于可负担型医疗保障，在公共医疗机构的覆盖率高达 80%
- 保健储蓄计划（Medisave）→属于强制性个人储蓄，用来支付数额较小的医疗账单
- 终身健保计划及其他保障（Medishield life and Other Insurance）→属于基本健康保险，帮助支付大额医疗账单
- 保健基金（Medifund）→属于最后一道“安全网”，以帮助有需要的新加坡人

图 2—1　2016 年新加坡医疗保障体系

资料来源：新加坡卫生部网站 https://www.moh.gov.sg/content/moh_web/home/costs_and_financing.html.

① 新加坡卫生部网站 http://www.singstat.gov.sg/docs/default-source/default-document-library/publications/publications_and_papers/reference/sif2016.pdf.

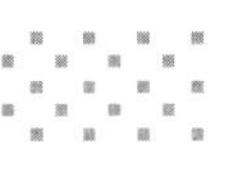



第一层为政府津贴（Subsidies）。政府津贴为公立医院病人提供了高达总费用80%的政府补贴，所有新加坡人均可以获得。

第二层为保健储蓄计划（Medisave）。保健储蓄计划为强制性个人储蓄账户，这层保护使得新加坡公民均可以负担自身医疗费用。新加坡雇主与雇员均贡献月工资的一部分进入账户，以保障他们未来或退休后的医疗需求。

第三层为2015年11月开始实施并取代健保双全计划的终身健保计划（Medishield life）及其他保障。终身健保计划是一个基本的健康保险计划，帮助新加坡居民在身患重病时，支付庞大的医疗费用和昂贵的门诊治疗、透析、癌症化疗等费用。终身健保计划为所有新加坡公民和永久居民提供公立医院治疗的政府补贴，个人需要承担一定的医疗费用，政府也肩负起一系列医疗津贴的责任。

许多新加坡居民也可以选择综合健保双全计划（Integrated Shield Plans）来补充终身健保计划，综合健保双全计划可以用来支付私人医院的医疗费用或者A等级、B1等级病房的住院费用，以享受更高的医疗服务质量。

该层次也包含乐龄健保计划（Eldershield，此计划是以40岁以上的新加坡公民和永久居民当其费遇重大残疾时，可以为保障对象，利用中央公积金账户解决经济问题。另外，乐龄健保计划的补充计划——乐龄健保额外保障计划（Eldershield Supplements）允许投保人购买乐龄健保计划之外的额外残疾人福利。

第四层为保健基金（Medifund）。保健基金由政府建立，保障有经济困难的病人享受医疗服务，是新加坡医疗保障系统的最后一道保障。

## 第二节　新加坡医疗保障制度的管理与运行

医疗保障管理与运行是否成功，直接关系到整个国家医疗保障系统是否起到保障全民医疗的作用，在整个医疗保障系统中占据举足轻重的地位。科学合理的管理体系以及运行机制对提高医疗保障的资源利用率，提升医疗机构的服务水平，扩大医疗保障的覆盖面等起到至关重要的作用。

### 一、医疗保障管理

1984 年以前，新加坡依然效仿英国的国家医疗保障模式，由政府直接管理。然而随着社会的发展，这种管理模式的弊端逐渐显现出来，公民对医疗服务供给的意见日益增多。在此背景下，政府对医疗管理模式进行改革，分别对医院、医生、病床等进行细致化管理，引入市场竞争机制，提高医疗资源利用率。

（一）新加坡医疗集团

目前，新加坡政府所办的公立医疗卫生机构是按照集团化模式进行运作和管理的。政府从本国国情出发，在全国范围内按东、西两大区域“水平设置”两大集团。①

一是新加坡保健服务集团（Singapore Health Service，简称 SHS）。新加坡保健服务集团是新加坡最大的医疗保健集团，下设一家中央医院（新加坡中央医院），一家专科医院（竹脚妇幼医院），一家区域性的分片医院（樟宜综合医院），五家国家专科中心（眼科中心、心脏中心、癌症中心、牙科中心、脑神经科医学院）以及

① 常修泽. 三方共建两方分担双向转诊医道清廉——新加坡医疗卫生体制考察感受［J］. 中国经贸导刊，2007（3）：35-36.

位于东部地区的若干家公立综合诊所。[①]

二是国立健保集团（National Health Group，简称 NHG）。国立健保集团下设一家高级医院（国立新加坡大学医院），一家专科医院（板桥医院），两家区域性的分片医院（亚历山大医院、陈笃生医院），三家国家专科中心（国家皮肤中心、国立健保集团诊疗中心、眼科医学院）以及位于西部地区的若干家公立综合诊所。[②]

国立健保集团与新加坡保健集团均属于国家公立性质的医疗场所，为保证公立医院为公民提供优质的医疗服务，新加坡政府引入市场竞争机制，成立两家相同性质的医疗机构彼此竞争，在竞争的过程中降低医疗成本、提升医疗服务质量。这两大集团的医疗设备以及药物药品采购均由相应的专业机构承包进行，通过市场化运行合理配置医疗资源，而不是由政府直接分配，避免医疗资源分配不均的现象。而对于私立的医疗机构而言，医院运行过程中的各种人力、物力资源均自行出资解决。政府相关部门负责制定适合国情的管理规则并负责监督，维护有秩序的医疗竞争市场。

（二）政府管理措施

政府通过对基本医疗服务范围，医院、病床、医生的数量，以及先进技术的管理，引导医疗资源的合理流向，实现一定程度的宏观调控。其主要做法是：

第一，确定更切合实际且适用于全体公民的基本医疗服务范围。该医疗服务范围囊括整个医疗卫生系统中医务人员的实时分配、医疗技术的合理使用、诊疗措施的及时开展以及标准药物的充

①② 常修泽. 三方共建两方分担双向转诊医道清廉——新加坡医疗卫生体制考察感受［J］. 中国经贸导刊，2007（3）：35-36.

足发放。

对病人的病情及时进行分类分析，不同的病由不同的医务人员诊治，如感冒咳嗽等一些常见病由社区医院等初级医疗服务机构的医务人员进行诊治，避免患者盲目追求高等医疗服务所带来的大型医院拥挤而小型或私人医院医疗资源闲置的医疗乱象。对医务人员的实时分配可促进医疗资源的均衡发展，在整个医疗服务范围内形成良好的医疗秩序。

医生和患者双方对病情的判断与诊治决定了患者将会接受怎样的医疗技术，其中医生能否准确把握患者所遭受的病痛，直接关系医疗技术是否合理使用，是营造“小病小治、大病大治”良好医疗氛围的关键一步，将不同种类的医疗技术精准地分配给不同的患者，并不断从中总结出成本—效果比最好的服务项目，进而提高医疗资源利用率。

无论病人患何种病，医生将采取何种医疗技术，都必须遵循及时性原则，确保患者在最短的时间内接受相应的医疗服务项目。不同于老年保障、工伤保障等其他社会保障，医疗保障所具有的重要特点之一便是医疗服务的及时性。因此，政府在确定适合公民的基本医疗服务范围时，应根据大数据统计结果，按照不同的市场需求进行分配。对市场服务需求量大的项目分配更多的医疗资源，而对需求量较少的医疗项目分配较少的医疗资源，以平衡市场对医疗服务的需求。

合格的医务人员、恰当的医疗技术以及及时的医疗服务都具备之后，关键的最后一步便是对药物的管理。更切合实际且适用于全体公民的医疗服务项目必须保证充足的药物。一方面，通过规定药

物价格及采购渠道，防止医生或医院任意提高药物的价格，增加患者的治疗负担，出现“以药养医”的现象；另一方面，只有配备足量的药物，并具有恰当且及时的医疗技术才能达到医疗功能的最大化。

基本医疗服务项目只是划定了适用于全体公民并且政府可以给予津贴的范围。在此之外的医疗项目，只要病人能负担全部费用，政府既不干涉也不给予津贴。随着医学的进步（新药、新技术、新设备）和社会经济发展，政府也在不断修订基本医疗服务范围。

第二，政府对医生的管理。一些国家的经验证明，医生和专科医师过多会增加社会对医疗服务的需求。医学院教学计划应强调初级卫生保健，而不仅是高技术。相关统计数据显示，新加坡目前平均每一万人可拥有 23 位医生来保障基本医疗水平。[①] 随着时代发展，卫生注册人员中医生、牙医、药剂师、注册护士、在编护士以及验光师和眼镜商的数量都在不断增加，而注册助产士的数量却在减少，由此反映出新加坡目前面临出生率低、人口结构老龄化的问题。近年来新加坡所拥有的卫生注册人员数据见表 2—2。

**表 2—2　2010 年、2014 年、2015 年新加坡卫生注册人员人数统计**

| 卫生注册人员 \ 年份 | 2010 | 2014 | 2015 |
|---|---|---|---|
| 医生 | 9 030 | 11 733 | 12 459 |
| 牙医 | 1 579 | 1 905 | 2 060 |
| 药剂师 | 1 814 | 2 563 | 2 757 |
| 注册护士 | 21 575 | 28 864 | 29 894 |
| 在编护士 | 7 478 | 8 528 | 8 931 |

① 新加坡卫生部网站 http://www.singstat.gov.sg/docs/default-source/default-document-library/publications/publications_and_papers/reference/sif2016.pdf.

续表

| 年份 / 卫生注册人员 | 2010 | 2014 | 2015 |
| --- | --- | --- | --- |
| 注册助产士 | 287 | 226 | 180 |
| 验光师和眼镜商 | 2 419 | 2 610 | 2 624 |

资料来源：新加坡卫生部网站 http://www.singstat.gov.sg/docs/default-source/default-document-library/publications/publications_and_papers/reference/sif2016.pdf.

第三，政府对医院病床的控制。病床总数要与疾病和老龄人口的发展同步变化，医疗服务供给方处于主导地位，病床过多时并不会降低医疗费用，相反会放宽入院条件或延长不必要的住院天数。费用昂贵的监护病房（ICU）也要限制在一定数量之内。近年来，新加坡医院床位、入院及公立医院门诊数量呈整体上升趋势，见表 2—3。

**表 2—3　　2010 年、2014 年、2015 年新加坡医院床位、入院及公立医院门诊数量统计表**　　单位：张，人次

| | 2010 年 | 2014 年 | 2015 年 |
| --- | --- | --- | --- |
| **医院床位** | 11 421 | 12 505 | 13 490 |
| 公立医院[a] | 8 881 | 9 602 | 10 078 |
| 私人医院[b] | 2 540 | 2 903 | 3 412 |
| **入院** | 444 757 | 507 814 | 519 545 |
| 公立医院[a] | 343 332 | 381 711 | 388 959 |
| 私人医院[b] | 101 425 | 126 103 | 130 586 |
| **公立医院门诊** | — | — | — |
| 专科门诊 | 4 023 686 | 4 534 319 | 4 658 110 |
| 急诊 | 858 781 | 968 371 | 965 426 |
| 联合诊所 | 4 314 496 | 4 648 374 | 4 874 697 |
| 牙科门诊 | 862 874 | 966 240 | 996 779 |
| 日手术 | 229 638 | 272 914 | — |

注：a 包括专业中心。

b 包括社区医院与接收慢性病人的医院。

资料来源：新加坡卫生部网站. http: //www. singstat. gov. sg/docs/default-source/default-document-library/publications/publications _ and _ papers/reference/sif2016. pdf.

第四，政府对医院引进先进技术的管理。在引进先进技术的过程中，各医院都遵循“精”“少”的引进原则。“精”是指医院在引用技术时应该着重于该技术的功效，所引进的技术需要经过测试有效并且成本—效果比最佳。确保引进的先进技术，例如用微创技术代替传统的大手术，碎石机代替外科手术取出肾结石等，可以带给患者优质的医疗服务。对引进的先进技术要有所筛选，而不是不计成本—效果比，盲目地引进先进技术，降低医疗资源的有效配置率。“少”则是指医院在引入先进技术的时候，不应该追求量上的优势，而应该根据医院自身的经济实力选择最适合本医院的医疗技术。任何一家医院都应该有其最擅长的领域，绝不能形成医院之间互相攀比医疗器械的不良风气，造成昂贵设施的闲置或过度利用，降低医疗服务的质量。

第五，政府对津贴医院的管理。津贴医院的任务是采用成本—效果比最好的诊疗方法和药品，以提供基本医疗服务为主，而不是以提供高技术、高费用的医疗服务为主。[①] 政府对津贴医院提供补贴，而不同的津贴医院则在各自服务质量与价格方面相互竞争，在有限的政府津贴之下，津贴医院所引进的先进技术必须是成本—效果比最佳的技术设备，若需要引进的医疗技术设备并没有比现有医疗设施的成本—效果比好，则津贴医院不得引进。津贴医院在政府津贴之下，自行决定其基本医疗服务项目、成本消耗以及收费标准。其中，基本医疗服务项目大多以治愈为目的，偶尔也会出现为了在一定程度上缓解患者痛苦并维持患者尊严的医疗项目。

---

① 陈培元. 新加坡政府医疗保健政策白皮书［J］.《国外医学》管理分册，1995（3）：99-101.

## 二、医疗保障的运行机制

新加坡医疗保障体系采取双向转轨的运行机制，即双轨制。双轨制包含政府出资举办的非营利性医疗机构与私人或民间资金举办的竞争性、营利性医疗保健服务体系。总体来说，新加坡的医疗卫生组织结构，既不是由政府独揽包办、排斥市场的高度集中结构，也不是完全由营利性组织“一统天下”的过度竞争性的市场结构，而是一个融政府、市场、社会三方于一体的共建型组织结构。① 转轨制则指新加坡公民因大病或需要长期治疗的复杂病需要由社区医院等基础医疗机构转入大型公立医院，在治疗后又从大型公立医院转入社区医院等基础医疗机构疗养的医疗模式。

在提供服务方面，新加坡医疗保健体系充分发挥双轨制的优势，在为新加坡公民提供医疗服务之时，不同医疗主体的服务分工比较明确。门诊主要由社区医院或一般诊所提供，而住院服务则主要由综合性或专科性的公立医院提供。在综合性或专科性的公立医院就诊，一般需要预约，病人无法选择医生，就诊等待时间稍长；而在社区医院或一般诊所就诊一般不需要预约，病人可以选择医生，就诊等待时间短。从公共医疗体系和私营医疗体系在医疗市场中所占的份额来看，门诊病人分别是20%、80%；住院病人分别是80%、20%。当然，公立医院也提供少部分自费医疗服务，其服务和收费主要依靠市场调节。新加坡政府相信，在市场竞争性规则的作用下，私营机构在基本医疗服务供给方面，一般都能有效地将服务价格维持在较低水平。同时，政府也认识到医疗市场具有局限

① 常修泽．三方共建两方分担双向转诊医道清廉——新加坡医疗卫生体制考察感受［J］．中国经贸导刊，2007（3）：35-36．

性，尤其在提供高度专业化的医疗服务时，政府必须进行调控，其手段是以公立医院作为住院服务的主要提供者，不仅使政府能控制医院的床位数和利用率，还可以控制费用增长。

综合性或专科性的公立医院与社区医院或一般诊所构成城市两级医疗服务体系，二者之间建立了很好的双向转诊制度。病人就诊先到诊所，当诊所认为需要转诊时出具证明，病人凭证明到公立医院就诊，否则其在医院的费用不能享受政府补贴。值得一提的是，病人在综合性或专科性的公立医院治疗后，根据病情适时转入社区医院。可以将其概括为“手术在大院，康复在社区”。同时，政府制定相应的标准，从利益上鼓励病人在社区医院康复。

这就形成了公民就医是先到社区医院或一般诊所就诊（公民基本上都有个人相对固定的私人医生），若病情复杂或需特殊检查及手术等情况时，由社区医院或一般诊所的医师与综合性或专科性的公立医院联系，为病人预约就诊时间或住院时间。为此，公立医院的主要任务是承担相对复杂、疑难病例的诊治，普通门诊就医则主要依据预约时间前来看病，形成了公立医院井然有序的门诊就医秩序。公民若突发急症或意外伤害，可直接到综合性或专科性的公立医院的急症部就诊（无须提前预约），但急诊费用通常较高，一般是普通门诊费用的10～20倍。新加坡通过“双层双向转诊”制度，使医疗资源的配置得到全面整合和优化，从而有助于提高医疗卫生资源的整体效益。

## 第三节　新加坡医疗保障制度的特点

新加坡医疗保障制度顺应当前新加坡人口老龄化、医疗费用急速增长的现状，为新加坡构建可持续医疗保障体系提供了现实基础。综观新加坡现有的医疗保障实施计划，新加坡医疗保障制度特点总结如下所述。

## 一、强调政府责任分担

新加坡政府十分注重建立平等、高效的医疗保障体系。其中，政府与个人的责任分担是不可忽视的重要问题，必须明确政府与个人的责任，由政府与个人共同负担公民的医疗费用。在制度实施过程中秉持三条基本原则：一是普遍性原则，即普及个人与政府各自的责任，确保基本医疗保险覆盖全部新加坡公民；二是有偿性原则，即公民个人要想获得医疗服务就必须承担一定的医疗费用；三是质量—价格对称原则，即想要更高质量的医疗服务就需要支付更高的医疗费用。[①] 近年来，政府用于人民的卫生支出逐年上升，如图 2—2 所示。

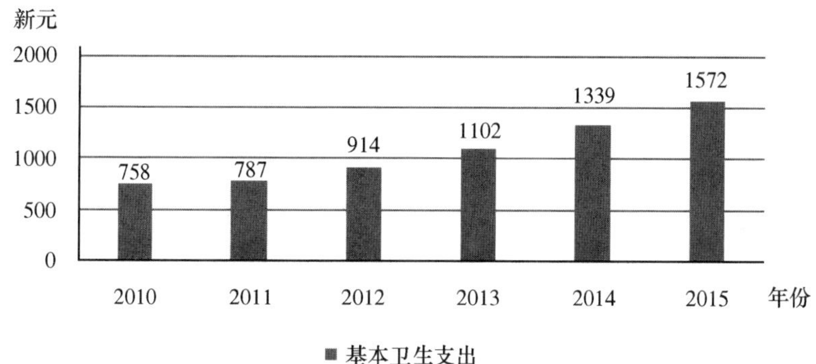


图 2—2　2010—2015 年政府用于公民的年卫生支出统计

资料来源：新加坡卫生部网站 http://www.singstat.gov.sg/docs/default-source/default-document-library/publications/publications_and_papers/reference/sif2016.pdf.

目前，新加坡施行“S+3Ms”的医疗保障模式，在制度设计上由个人与政府共同负担医疗费用。政府结合本国国情，制定适当的

① 陆昌敏．新加坡医疗保障体系的特点及对我国的启示［J］．医学与哲学（人文社会医学版），2007（346）：32-34.

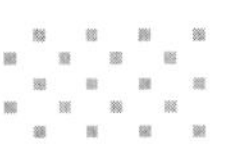



个人医疗保健储蓄账户的划入比例，统一医疗服务项目，通过个人医疗储蓄、社会医疗保险、医疗救助、医疗福利，使得无论公务员、企业雇员或者贫穷者都能够负担起一生的基本医疗费用，确保新加坡公民不会因贫穷而放弃治疗。以保健储蓄计划为基础，终身健保双全计划、保健基金、增值健保双全计划、老年伤残援助计划（IDAPE）、基本护理合作计划（PCPS）等为补充的医疗保障体系，将尽可能多的人群纳入医疗保障覆盖范围，保证卫生服务供给的公平性、可及性。在医疗费用的分担上，政府根据不同的住院和门诊种类制定明确的标准见表 2—4、表 2—5，将政府对病人的医疗责任上升至法律层面，确保病人得到基本的医疗保障。

表 2—4　　2016 年新加坡保健储蓄住院补贴标准

| 住院病人病房类别 | 政府补贴标准（%） |
|---|---|
| A 级病房（房内 1～2 个床位） | 0 |
| B1 病房（房内 3～4 个床位） | 20 |
| B2＋级病房（房内 5 个床位） | 50 |
| B2 级病房（房内 6 个床位） | 66 |
| C 级病房（房内 6 个床位以上） | 80 |

资料来源：新加坡卫生部网站. http：//www. singstat. gov. sg/docs/default-source/default-document-library/publications/publications _ and _ papers/reference/sif2016. pdf.

表 2—5　　2016 年新加坡门诊医疗补贴标准

| 门诊医疗 | 政府补贴标准（%） |
|---|---|
| **综合诊所门诊** | |
| 成人 | 50 |
| 未成年人（18 岁及以下）及乐龄人士（65 岁及以上） | 75 |
| **专科门诊** | |
| 享受津贴者 | 50 |
| 不享受津贴者 | 0 |

资料来源：新加坡卫生部网站 http://www.singstat.gov.sg/docs/default-source/default-document-library/publications/publications_and_papers/reference/sif2016.pdf.

## 二、注重个人的基本责任

新加坡医疗保险制度是典型的强制性个人储蓄医疗保险模式，通过国家公积金账户，将个人一生全部消费的一部分转化为医疗保健储蓄账户的保健基金，当公民因病需要住院或者门诊诊疗时，由社会保险公司和储蓄基金对医疗服务提供者做出事先规定好的适量补偿，使得新加坡公民不会因贫穷而放弃治疗的机会。区别于社会医疗保险的横向积累，即社会不同年龄的人共济的制度模式，新加坡医疗保险注重个人的纵向积累，以解决目前医疗费用快速增长的社会问题，避免出现医疗费用代际转移，减少因此所引发的代际冲突，营造和谐稳定的社会环境。

一方面，强制性个人储蓄计划对个人的医疗消费起到很强的约束作用。医疗储蓄属于个人公积金账户的一部分，例如个人花费了大量的医疗费用，那么其养老金或住房公积金就会相应减少，出现公积金账户之间的“挤占效应”。对此，大部分人都会选择减少医疗费用的支出，增加其他方面的支出，因而起到控制个人医疗费用支出的作用，防止出现“无病求医”“小病大治”“大处方”等浪费医疗资源的现象，提高患者的自我约束意识、责任意识和费用意识，促进医疗服务市场的良性发展，保证新加坡医疗保障的可持续性。

另一方面，强制性个人储蓄计划对个人的储蓄起到一定的激励作用。无论是医疗保健储蓄基金还是养老基金，都与个人的工作收入紧密关联。从个人公积金账户的筹集到偿付，都按照个人工资的高低，规定不同的缴费比例与享受政府补助的比例，以此营造出“多劳多得”的社会效应，激励新加坡公民为获得更高医疗服务质量，提高工作积极性，增加收入，进而提升整个社会的生产力，促进国家整体发展。

### 三、发挥市场在医疗保障资源配置中的作用

新加坡政府在医疗服务提供方面，重视市场所发挥的竞争作用，允许各种私立医院或私人诊所加入医疗服务提供之中，与政府提供的医疗服务形成竞争，使医疗服务市场在竞争之中提高效率，提高医疗资源的利用率，合理调控医疗资源配置，确保新加坡公民在普遍获得医疗服务的基础上，享受较好的医疗服务。例如在服务供给方面，政府设立公立医院、联合诊所，为全部公民提供基本的医疗服务；另外，引入市场竞争机制，允许符合卫生条件的私人机构加入医疗服务供给的行列，设立各种私立医院以及私人诊所，赋予患者自由选择的权利，让患者自主决定享受何种等级的医疗服务。

## 第四节　新加坡医疗保障制度的基本框架

新加坡医疗保障包括以强制储蓄为特点的医疗保险，面向特殊社会人群的医疗救助，以及医疗福利[①]，主要包括保健储蓄计划，健保双全计划（2015 年改革为终身健保计划）、保健基金计划、辅之增值健保双全计划、综合健保双全计划、乐龄保健计划、老年伤残援助计划、初级护理伙伴计划、社区卫生援助计划，通过各种医疗实施计划，确保全体新加坡公民享受最基本的医疗服务。

### 一、医疗保险

（一）保健储蓄计划

① 王勤．独具特色的新加坡医疗保障制度［J］. 东南亚，2002（3-4）：3.

新加坡保健储蓄计划是一项全民保障计划，该计划规定个人将收入的一部分存入中央公积金账户，以应对个人或直系亲属的住院治疗费用、日常手术费用和门诊费用。

1. 保健储蓄计划的参保对象

保健储蓄计划的参保对象为全部有收入的公民。该计划要求从公民有收入起就按规定缴纳公积金，其中的一部分划入保健储蓄账户中，为以后可能出现的各种医疗需求提前储蓄基金，分散个人在整个生命周期内的医疗风险，并起到一定的自我约束作用，避免出现代际转移而造成代际矛盾。保健储蓄计划刚开始确定并实施时只包括雇员，不包括自雇人员，自 1992 年起，自雇人员也被保健储蓄计划所覆盖。

2. 保健储蓄计划的筹资机制

新加坡中央公积金一部分来自雇员，另一部分来自雇主。缴费按照不同比例记入个人普通账户（ordinary account）、保健储蓄账户（medisave account）和特别账户（special account）。其中，普通账户用于购买组屋，支付获准的投资、保险和教育支出等；保健储蓄账户用于支付获准的本人或亲属的医疗支出；特别账户用于养老和特殊情况下的应急支出。① 保健储蓄账户最初规定个人按照 6%的比例缴纳公积金，但随着计划的推行，人口老龄化现象的严重，社会医疗技术提高所导致的医疗成本增加，新加坡政府开始根据不同年龄段所需医疗费用的不同，划定不同的记入比例，之后逐年调整。但是，随着医疗费用的上涨，记入比例整体呈上升态势。截至 2016 年 1 月，保健储蓄计划规定只有月收入超过 1 500 新元的公民

① 冯鹏程. 新加坡保健储蓄计划研究及启示 [J]. 社会保障研究，2013 (6)：95.

才需按照一定规定缴纳保健储蓄基金。[①] 目前，各年龄段新加坡公民医疗保障缴费率见表 2—6。

**表 2—6　　　　新加坡公民医疗保障缴费率**

| 年龄 | 缴费工资比（%） |
|---|---|
| 35 岁及以下 | 8 |
| 36～45 岁 | 9 |
| 46～50 岁 | 10 |
| 51 岁以上 | 10.5 |

资料来源：新加坡卫生部网站 https://www.moh.gov.sg/content/moh_web/home/costs_and_financing/schemes_subsidies/medisave.html.

2016 年之前，保健储蓄计划为保证所有公民可以享受到基本医疗服务，为 55 岁及以上的公民设置了保健储蓄账户最低限额（Medisave Minimum Sum），且最低限额逐年增加。当公民达到 55 岁，若保健储蓄账户的金额不足政府规定的最低限额，公民就必须对保健储蓄账户进行补缴，保证个人保健储蓄账户中的金额达到最低限额。2016 年之后，政府规定无须在公民 55 岁的时候达到最低限额。公积金账户所有者去世后，继承人将领取保健储蓄账户余额，不缴纳遗产税。同时，为避免高收入者的保健储蓄账户余额过多，过度或无节制地享受医疗服务，造成医疗资源的浪费，新加坡政府于 1986 年规定供款上限（Medisave contribution ceiling），当年规定上限为 15 000 元，并且以后逐年提高。如果金额超过供款上限，对于 55 岁以下人员，金额将转入特别账户，对于 55 岁及以上的人员金

① 新加坡卫生部网站 https://www.moh.gov.sg/content/moh_web/home/costs_and_financing/schemes_subsidies/medisave.html.

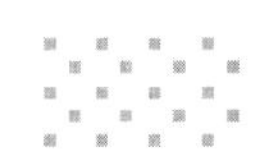

额将转入退休账户。[①]

基本健康照护额（Basic Healthcare Sum，简称 BHS）是政府对公民年老后基本医疗补贴数额的预算。无论公民年龄如何，其缴费金额超过 BHS 的部分将会流向公民特殊账户或退休账户以提高公民每个月的支出[②]。

2017 年 1 月，保健储蓄计划规定，公积金会员（CPF members）的基本健康照护额为 52 000 新元。随着现代人寿命的延长以及医疗成本的增长，为保障年轻一代的终身入息者年老后享受充足的医疗服务，就必须增加目前的保健储蓄基金。因此，基本健康照护额每年 1 月都会根据当时老年人的医疗需求进行适度的提高。

另外，值得注意的一点是，当年龄到达 65 岁时，基本健康照护就会固定下来，不再随着年龄的增长而增长，并且此时保健储蓄账户中的金额在账户所有者的余生都不再变化，也就是说，65 岁的老年人在 2017 年 1 月之后，基本健康照护额都是 52 000 新元且固定不变，每年 1 月对基本健康照护额的调整仅适用于 65 岁以下的公民。[③]

3. 保健储蓄计划的偿付机制

保健储蓄计划对于患者的住院治疗费用、部分门诊费用均规定了不同的补偿比例。新加坡政府设定了在各种情况下的可使用限额。这些限额一般够支付医院 C 级病房 80%、B2 级病房 66%、B1 级病房 20%的住院费用，对于 A 级病房，政府则不承担任何住院费用。该计划还规定，保健储蓄计划之外的金额由病人以现金支付，

①②③　新加坡卫生部网站 https://www.moh.gov.sg/content/moh_web/home/costs_and_financing/schem.

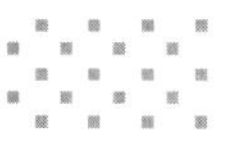



且政府只对住院时间超过8个小时的病人提供补贴（除非病人被确认为日间手术）。不同等级病房住院环境有所不同，但是由同样的医生和护理人员提供质量无差别的医疗服务。

4. 特殊补偿计划

2006年新加坡政府提出慢性病管理计划（The Chronic Disease Management Programme，简称CDMP），针对患有糖尿病、高血压等慢性病的群体，提供一定的政府补贴。截至2015年1月，慢性病管理计划包括了19种慢性病，对遭受慢性病折磨的病人提供相应的政府补贴。患者可用自身保健储蓄账户或其直系亲属账户支付医疗费用（最多用10个账户，每个账户限额400元）。另外，在医疗费用的分担上，患者需承担医疗总费用的15%，与政府成为共同付款人。从2014年7月起，政府取消了每月30新元的医疗费用减免。①

50岁及以上的女性每年最多可以使用自己或其直系亲属保健储蓄账户的400新元，用于在获得批准的乳房X射线照相中心进行筛查乳房疾病的X光检查。来自新加坡医学院（AMS）的筛查测试审查委员会（STRC）建议：50岁及以上的无症状女性需每两年进行一次常规乳房的X光检查，以筛查乳腺癌；50岁及以上患有小叶原位癌（LCIS）和非典型导管增生（ADH）的女性，建议每年进行乳房X线检查；50岁及以上的人可以使用自己或其直系亲属的保健储蓄在结肠镜检查中心进行结肠镜检查。②

另外，当新加坡不提供某项治疗时，保健储蓄账户金额可以用

① 新加坡卫生部网站 https://www.moh.gov.sg/content/moh_web/home/costs_and_financing/schemes_subsidies/medisave/Chronic_Diseases.html.

② 新加坡卫生部网站 https://www.moh.gov.sg/content/moh_web/home/costs_and_financing/schemes_subsidies/medisave/medisave_for_healthscreening.html.

于海外治疗，包括海外住院、医疗紧急情况的日间手术、海外选择性住院和日间手术，但前提是获得新加坡保健储蓄认证机构或转诊中心的批准，并且这些海外医院要与新加坡的保健储蓄认证机构或转诊中心达成一致的工作安排。

（二）健保双全计划

健保双全计划是一项自愿参加、低成本、社会统筹形式的大病医保计划。该计划的全面实施在一定程度上标志着新加坡大病保险制度的正式建立。

1. 健保双全计划的参保对象

健保双全计划的参保对象限定为拥有保健储蓄账户的新加坡公民或永久居民。参保人的最高投保年龄为 75 岁，最高受保年龄为 85 岁。该计划只提供给健康状况良好的参保人，在健保双全计划生效前，参保人必须提交其健康状况证明。该计划具有选择退出性，除非个人主动选择退出，否则每一个满足条件的保健储蓄计划会员都会自动投保到该计划中。

2. 健保双全计划的筹资机制

健保双全计划由新加坡中央公积金局进行管理，保费从参保人或其直系亲属的保健储蓄账户中直接扣除。为鼓励更多的人参加，其保费相对较低，不同的年龄段支付不同保费，从 30 新元到 705 新元不等，为了规避逆选择，保费随年龄增长而增加。在每个保单支付年度保费后，保单自动续保，保费是基于参保人的下一个生日年龄计算的。为了鼓励老年人尽早投保，健保双全计划还规定，60 岁之前投保的人，从 70 岁开始可享有保费折扣优惠。新加坡中央公积金局还会根据健保双全计划的整体补偿情况不定期地调整保费，以

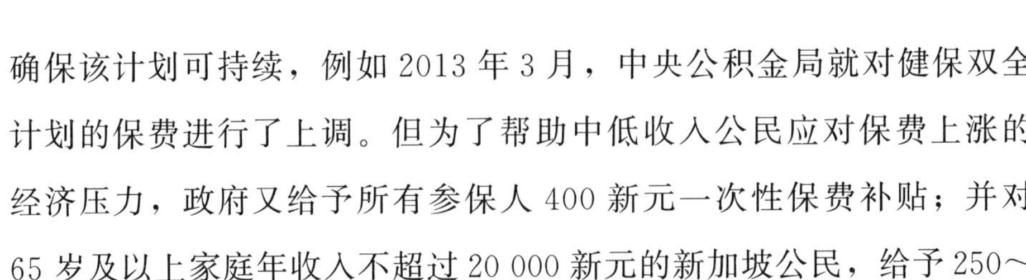

确保该计划可持续，例如 2013 年 3 月，中央公积金局就对健保双全计划的保费进行了上调。但为了帮助中低收入公民应对保费上涨的经济压力，政府又给予所有参保人 400 新元一次性保费补贴；并对 65 岁及以上家庭年收入不超过 20 000 新元的新加坡公民，给予 250～450 新元的消费税补助券。[①]

3. 健保双全计划的偿付机制

健保双全计划的保障范围包括住院费、指定外科手术疗程的费用、医疗植入体的费用以及指定门诊治疗费用（例如洗肾、癌症的化疗和放疗等）。从 2013 年 3 月起，在医院急诊部的短期住院、住院接受精神病治疗，以及新确诊的先天性和初生儿疾病也已被纳入到保障范围。

为了避免医疗资源滥用，健保双全计划设置了自付额、共同保险和补偿限额。参保人只有在支付医疗费用自付部分和共付部分之后，才能获得健保双全计划的补偿，该补偿主要帮助投保人支付在 B2 级或 C 级医院中部分大额医疗费用（5 000 新元以上），对其他等级医院则没有完全覆盖，报销取决于是否符合补偿条件。新加坡中央公积金局对于各类具体医疗项目还设定了补偿限额，并规定每个保单年度最高补偿额不超过 7 万新元，终身保额不超过 30 万新元。

4. 健保双全计划的补充项目——综合健保双全计划

为了满足部分收入较高国民的医疗需求，政府于 1994 年 7 月推出了增值健保双全计划，并于 2010 年改革为综合健保双全计划，交由商业保险公司进行管理。综合健保双全计划主要对重组医院 A 级、B1 级病房或私人医院住院提供保障，设置多款计划供投保人选

① 王琬. 新加坡大病保险制度的发展与变革［J］. 社会保障国际比较，2016（8）：66-70.

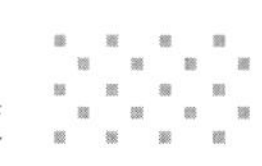

择。该计划最初由职总英康保险合作社管理，后来逐渐扩展到美国友邦人寿、大东方人寿、英杰华保险和英国保诚人寿共五家保险公司。

（三）健保双全计划的改革——终身健保计划

健保双全计划虽然在一定程度上分散了新加坡人的大病医疗费用风险，但却面临着覆盖对象有限、保障程度不足以及逆向选择等问题。2015 年 11 月，新加坡政府对健保双全计划进行重大政策调整，开始推行终身健保计划，以提高保障水平，实施终身保障，实现全民保障。

1. 终身健保计划的参保对象

终身健保计划是一项具有强制性、全民参保、终身参保的个人医疗保险计划。该计划取消了健保双全计划只保障到 92 岁的年龄上限，并要求强制投保。《终身健保计划法 2015》规定，刚出生的新加坡公民在完成出生登记后，从出生日期起受保于终身健保计划；永久居民在获得永久居留权的当天便开始受保于终身健保计划。这意味着在该计划下，所有新加坡公民和永久居民，无论其年龄大小及健康状况如何，均可终身获得在需要支付大额医疗费用时向保险公司索赔的权利。

2. 终身健保计划的筹资机制

在终身健保计划下，参保人所需支付的保费将自动扣除所有适用的津贴，可以使用本人或直系亲属的保健储蓄全额缴付。与健保双全计划一样，终身健保计划的保费随着年龄增长而有所增加，且终身健保计划的保费较健保双全计划增长幅度更大。为了确保民众能够负担终身健保保费，新加坡政府提供了多种津贴及援助措施。

一是保费津贴，主要对象是家庭人均月收入在 2 600 新元及以下并且租住在家庭年值（即年度价值 Annual Value）21 000 新元及以下组屋的中低收入参保人，居住在年值 21 000 新元以上组屋的参保人不享受该保费津贴。居住在年值 13 001～21 000 新元组屋的参保人将得到低于 10%的保费津贴。居住在年值 13 000 新元以下组屋的参保人将根据家庭人均月收入获得不同比例的保费津贴，见表 2—7。符合条件的新加坡公民可以享受高达保险费 50%的津贴，所有的永久居民都将得到保险费 50%的津贴。

**表 2—7　　终身健保双全计划保费补贴标准表**

| 家庭收入等级 | 家庭人均月收入（新元） | 补贴比率（%） |
|---|---|---|
| 低收入家庭 | 0～1 100 | 25～50 |
| 中低收入家庭 | 1 101～1 800 | 20～45 |
| 中高收入家庭 | 1 801～2 600 | 15～40 |

材料来源：新加坡卫生部网站 https://www.moh.gov.sg/content/moh_web/medishield-life/premiums---subsidies/types-of-premium-subsidies.html.

二是建国一代（指出生于 1949 年 12 月 31 日及以前并且在 1986 年 12 月 31 日或之前取得新加坡国籍的公民）津贴，即凡建国一代均能获得相当于保费 40%～60%的津贴，并获得 200～800 新元的保健储蓄补贴。

三是过渡津贴，参保人在获得适用津贴后，如果所需缴纳的终身健保保费比之前的健保双全保费高，其保费增幅将在终身健保计划推出的前四年获得过渡津贴。

四是额外保费援助，旨在帮助没有家庭援助及在获得政府津贴和扣除保健储蓄后仍无法负担终身健保计划保费的民众。[①]

① 新加坡卫生部网站 https://www.moh.gov.sg/content/moh_web/medishield-life/premiums---subsidies/types-of-premium-subsidies.html.

在终身健保计划下，投保前就已患有疾病的公民或永久居民也能参保，政府承担保障这一群体的大部分经费。但先前已患有严重疾病，包括癌症、肾衰竭、中风和心脏病等（见表2—8）的参保人除了需要支付终身健保标准保费外，还需支付共10年30%的象征性附加保费。

表2—8　　受到额外保障的现存疾病种类

| 疾病大类 | 指示性例子（不是穷尽） |
| --- | --- |
| 癌症 | 肺癌、结直肠癌、乳腺癌、胃癌 |
| 血液疾病 | 再生障碍性贫血、重型地中海贫血 |
| 退化性疾病 | 帕金森氏症、肌肉萎缩症、肌萎缩性脊髓侧索硬化症 |
| 心脏或其他的循环系统疾病 | 心脏病、冠状动脉疾病、慢性缺血性心脏病 |
| 脑血管疾病 | 中风 |
| 呼吸系统疾病 | 慢性阻塞性肺疾病 |
| 肝脏疾病 | 酒精性肝病、慢性肝炎、肝纤维化或肝硬化 |
| 自身免疫和免疫系统的疾病 | 系统性红斑狼疮、人类免疫缺陷病毒/获得性免疫缺陷综合征（艾滋病） |
| 肾疾病 | 慢性肾脏疾病、慢性肾功能衰竭、慢性肾病综合征 |
| 严重的先天条件 | 先天性心脏病、先天性肾脏疾病、胆道闭锁 |
| 精神疾病 | 精神分裂症 |
| 慢性疾病和严重的并发症 | 高血压心脏病、高血压肾病、糖尿病和肾脏并发症、糖尿病眼部并发症 |

资料来源：新加坡卫生部网站 https://www.moh.gov.sg/content/moh_web/home.html.

新加坡终身健保计划作为一项全民医疗保险计划，为所有新加坡人提供医疗保护，无论他们的背景和健康状况如何，每个人都可以得到这一政策的照顾，包括长期定居在海外，并且短期内没有回国意愿的公民。在满足几个特定的条件之下，可以申请基金的暂停，在需要回本国治疗的时候重新申请，即可继续享受医疗服务。

3. 终身健保计划的偿付机制

与健保双全计划一样，终身健保计划也主要保障 B2 级、C 级病房以及享受津贴门诊治疗的费用。不同的是，终身健保计划取消了最终补偿金额限制，将每年补偿限额从 7 万新元提高至 10 万新元；放宽了每日住院及日间手术补偿限额，提高了门诊疗程补偿限额，使居民的基本医疗保障水平明显提高。终身健保计划与健保双全计划的对比见表 2—9 至表 2—13。

表 2—9　　住院治疗或手术补偿限额对比表

| 计划<br>病房或治疗费用 | 健保双全计划 | 终身健保计划 |
| --- | --- | --- |
| 普通病房 | 450 新元/天 | 700 新元/天 |
| 特护病房 | 900 新元/天 | 1 200 新元/天 |
| 社区医院 | 250 新元/天 | 350 新元/天 |
| 精神病房 | 100 新元/天 | 100 新元/天 |
| 外科手术 | 150～1 100 新元 | 200～2 000 新元 |
| 植入手术 | 7 000 新元/疗程 | 7 000 新元/疗程 |
| 放射外壳 | 4 800 新元/次 | 4 800 新元/次 |

资料来源：新加坡卫生部网站 https://www.moh.gov.sg/content/moh_web/medishield-life/about-medishield-life/medishield-life-benefits.html.

表 2—10　　门诊治疗补偿限额对比表

| 项目 | 健保双全计划 | 终身健保计划 |
| --- | --- | --- |
| 癌症化疗 | 1 240 新元/周期（21～28 天） | 3 000 新元/月 |
| 放射治疗癌症 | | |
| 外部或表面 | 80 新元/期 | 140 新元/期 |
| 近距离放射疗法 | 160 新元/期 | 500 新元/期 |
| 肾透析 | 1 000 新元/月 | 1 000 新元/月 |
| 免疫抑制剂之器官移植 | 200 新元/月 | 200 新元/月 |
| 促红细胞生成素之肾功能衰退 | 200 新元/月 | 200 新元/月 |

资料来源：新加坡卫生部网站 https://www.moh.gov.sg/content/moh_web/medishield-life/about-medishield-life/medishield-life-benefits.html.

表 2—11 最高补偿额对比表

| 项目 | 健保双全计划 | 终身健保计划 |
| --- | --- | --- |
| 年限额（per policyyear） | 70 000 新元 | 100 000 新元 |
| 终身限额（lifetime） | 300 000 新元 | 无限制 |
| 最大覆盖年龄 | 92 岁 | 无限制 |

资料来源：新加坡卫生部网站 https：//www. moh. gov. sg/content/moh _ web/medishield-life/about-medishield-life/medishield-life-benefits. html.

表 2—12 终身健保计划保险免除额（deductible payable by insured）

| 年龄 | 免除金额 |
| --- | --- |
| 80 岁及以下 | C 等级病房及日常手术：1 500 新元 |
| | B2 等级病房：2 000 新元 |
| 81 岁及以上 | C 等级病房：2 000 新元 |
| | B2 等级病房及日常手术：3 000 新元 |

资料来源：新加坡卫生部网站 https://www.moh.gov.sg/content/moh_web/medishield-life/about-medishield-life/medishield-life-benefits.html.

表 2—13 共同负担比率表

| | 共同负担比率（%） | |
| --- | --- | --- |
| | 健保双全计划 | 终身健保计划 |
| **住院或手术可补偿额** | | |
| 0～3 000 新元 | 20 | 10 |
| 3 001～5 000 新元 | 15 | 10 |
| 5001～10 000 新元 | 10 | 5 |
| 大于 10 000 新元 | 10 | 3 |
| **门诊负担比率** | 20 | 10 |

资料来源：新加坡卫生部网站. https：//www. moh. gov. sg/content/moh _ web/medishield-life/about-medishield-life/medishield-life-benefits. html.

新加坡政府认为，分担费用可以避免医疗资源滥用，并使参保人增强节约意识。因此，终身健保计划仍设置了自付额和自付比例，即门诊无自付额（即无起付线），但到封顶线之间的自付比例统一为 10%；住院医疗费用自付额则依年龄、病房等级不同而有所

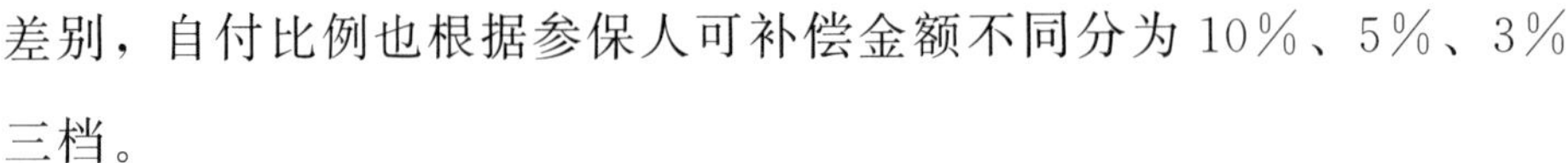


差别，自付比例也根据参保人可补偿金额不同分为10%、5%、3%三档。

4. 综合健保双全计划

综合健保双全计划由公积金局管理的终身健保计划与商业保险公司承保的额外私人受保项目两部分组成。终身健保计划的赔偿针对B2级、C级病房以及特定门诊治疗。为满足参保人更高水平的医疗服务需求，参保人可以购买私人综合健保计划下的额外受保项目。截至2015年，60%的新加坡人通过综合健保双全计划的方式拥有私人保险保障。针对不同的治疗与住院等级，综合健保双全计划制定了不同的保险项目，见表2—14。

表2—14　综合健保双全计划以及各自的目标覆盖层次一览表

| 类别 | 政策 |
| --- | --- |
| 基本计划 | 健保双全计划<br>职工收入保障C计划<br>职工收入福利计划 |
| 标准综合防护计划（覆盖公立医院B1级） | 友邦保险健康保障金最高标准计划<br>英杰华自我保护标准计划<br>安盛保护标准计划<br>大东方至尊健康标准计划<br>职工收入保障标准计划<br>保诚慎保标准计划 |
| B1级计划 | 友邦健康保障金最大计划<br>友邦健康保障金最大B精简计划<br>英杰华自我保护计划3<br>大东方至尊保健B计划<br>大东方至尊保健B加计划<br>职工收入福利基本计划<br>保诚慎保B计划 |

续表

| 类别 | 政策 |
| --- | --- |
| A级计划 | 友邦保险健康保障金最大B计划<br>英杰华自我保护计划2<br>安盛保护B计划<br>大东方至尊保健A计划<br>大东方至尊保健A加计划<br>职工收入福利主体计划<br>职工收入保障A计划<br>保诚慎保A加计划<br>保诚慎保A计划 |
| 私立医院计划 | 友邦保险健康保障金最大A计划<br>英杰华自我保护计划1<br>安盛保护A计划<br>大东方至尊保健P加计划<br>职工收入福利优先计划<br>职工收入保护P计划<br>保诚慎保最高A计划 |

资料来源：新加坡卫生部网站 https://www.moh.gov.sg/content/moh_web/medishield-life/integrated-shield-plans/comparison--of-integrated-shield-plans.html.

参保人可以通过保健储蓄支付额外受保项目的保费，最高额可达到额外提款上限。终身健保部分的保费，则可通过保健储蓄全额支付。保险公司将参保人所支付的终身健保保费转交中央公积金局，符合保费津贴资格的客户，将自动获得津贴以抵销部分终身健保保费，符合条件的参保人也能优先获得终身健保补偿。目前，该计划由职总英康保险合作社等前述五家保险公司及2016年5月1日起正式向市场推出相应保单的安盛保险来运营。五家不同的保险公司保费见表2—15。

表 2—15　　2015 年新加坡不同保险公司不同的保费　　单位：新元

| 年龄 | 终身健保计划补贴前标准的 IP 保费（四舍五入）(Standard IP premiums before MediShield Life subsidies) | | | | | |
|---|---|---|---|---|---|---|
| | 友邦保险 | 英杰华保险 | 大东方人寿 | 保诚保险 | 职总英康保险 | 安盛保险 |
| 1～18 | 180 | 195 | 157 | 171 | 165 | 170 |
| 19～20 | 180 | 195 | 163 | 171 | 165 | 170 |
| 21～25 | 248 | 261 | 228 | 243 | 239 | 245 |
| 26～30 | 248 | 261 | 228 | 243 | 239 | 245 |
| 31～35 | 382 | 398 | 358 | 373 | 369 | 372 |
| 36～40 | 382 | 398 | 358 | 373 | 373 | 372 |
| 41～45 | 547 | 554 | 511 | 543 | 531 | 542 |
| 46～50 | 563 | 568 | 511 | 543 | 531 | 542 |
| 51～55 | 788 | 789 | 732 | 771 | 750 | 772 |
| 56～60 | 821 | 793 | 732 | 809 | 759 | 791 |
| 61～65 | 1 035 | 1 036 | 962 | 1 005 | 961 | 1 034 |
| 66～70 | 1 235 | 1 207 | 1 144 | 1 211 | 1 200 | 1 234 |
| 71～73 | 1 515 | 1 508 | 1 410 | 1 495 | 1 451 | 1 538 |
| 74～75 | 1 763 | 1 698 | 1 573 | 1 721 | 1 645 | 1 770 |
| 76～78 | 2 084 | 2 096 | 1 773 | 1 072 | 1 930 | 2 238 |
| 79～80 | 2 232 | 2 145 | 1 861 | 1 189 | 2 023 | 2 360 |
| 81～83 | 2 240 | 2 439 | 1 968 | 2 407 | 2 168 | 2 472 |
| 84～85 | 2 700 | 2 626 | 2 328 | 2 633 | 2 511 | 2 803 |
| 86～88 | 3 008 | 3 228 | 2 619 | 2 916 | 2 792 | 3 043 |
| 89～90 | 3 148 | 3 300 | 2 667 | 3 091 | 2 889 | 3 242 |
| 91～93 | 3 331 | 3 477 | 2 790 | 3 276 | 3 030 | 4 087 |
| 84～95 | 3 491 | 3 556 | 2 855 | 3 473 | 3 125 | 4 323 |
| 96～98 | 3 747 | 3 636 | 3 122 | 3 681 | 3 373 | 4 457 |
| 99～100 | 3 932 | 3 718 | 3 194 | 3 902 | 3 457 | 4 723 |
| ＞100 | 3 932 | 3 718 | 3 373 | 3 902 | 3 567 | 4 723 |

资料来源：新加坡卫生部网站．https：//www. moh. gov. sg/content/moh _ web/medishield-life/integrated-shield-plans/standard-integrated-shield-plan. html.

## （四）乐龄健保计划

乐龄健保计划是新加坡政府 2002 年 6 月开始实施，为有严重伤

残的公民提供的一项保障计划。根据该政策规定，当有严重伤残的公民年老后，国家会在规定的一段时间内为年老的严重伤残者提供现金补偿，为他们提供基本的医疗保障。

1. 乐龄健保计划的参保对象

乐龄健保计划覆盖全部新加坡公民以及永久居民。在公积金会员 40 岁的时候会自动参加乐龄健保计划，并不需要公积金会员额外进行体检或者填写相应的计划申请表格，同时具有一定的“选择退出性”。在 40 岁时主动选择退出乐龄健保计划的新加坡公民和永久居民，若其到 66 岁及以上依然不受保，便可以向保险公司投保，此时投保就需要接受规定的身体健康检查。

2. 乐龄健保计划的筹资机制

乐龄健保计划缴费标准与疾病风险一致。乐龄健保计划按年缴纳保费，保费标准由中央公积金会员参加计划时的年龄决定，并且不随年龄的增长而增长，一经确定就不再变动。加入计划时年龄越大，缴纳保费标准就越高，女性缴费标准要高于男性。这是因为，老年人失能风险要高于年轻人，女性由于预期寿命高于男性，因此失能风险高于男性。由此可见，乐龄健保计划缴费标准的设计与风险相一致，风险高的人群缴费标准就高。总体来看，越早参加计划的参保者所缴纳的总保费就越少，最早 40 岁加入该计划的参保者要比最晚 64 岁加入该计划的参保者少缴几百新元的总保费。中央公积金会员可以用保健储蓄账户基金支付自己和直系亲属的乐龄健保计划保费，如果保健储蓄账户资金不够，也可以用现金支付。中央公积金会员参加计划后需要缴纳保费至 65 岁，65 岁以后就不再缴纳保费，参保人在余生的任何时候都能受益。

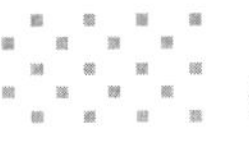


3. 乐龄健保计划的偿付机制

新加坡政府在规定的时间内为年老的严重伤残者提供现金补偿，为他们提供基本的医疗保障。在公积金会员受保期间，若受保人发生重度残疾，那么受保人在残疾期间就停止缴纳乐龄健保基金，乐龄健保计划自动启动，为受保人进行赔偿。若受保人的重度残疾得以恢复，那么受保人就必须继续按规定的比例缴纳乐龄健保基金，乐龄健保计划也相应地停止对受保人进行赔偿。另外，若受保人已获乐龄健保计划下的足额足期最高赔偿，该受保人的保单就会终止，受保人此后便不必参加乐龄健保计划，无须缴纳乐龄健保基金。截至 2016 年 8 月，新加坡乐龄健保计划补偿标准见表 2—16。

表 2—16　新加坡乐龄健保计划补偿标准表

| 项目 | 乐龄 300 计划 | 乐龄 400 计划 |
| --- | --- | --- |
| 范围 | 2002 年 9 月至 2007 年 8 月参加计划者 | 2007 年 9 月之后参加计划者 |
| 补偿金额 | 300 新元/月 | 400 新元/月 |
| 补偿时间 | 60 个月（5 年） | 72 个月（6 年） |

资料来源：新加坡卫生部网站 https://www.moh.gov.sg/content/moh_web/eldershield/about-eldershield.html.

目前，卫生部共委派 3 家私人保险公司开展乐龄健保计划，分别是英杰华保险私人有限公司、大东方人寿保险公司和职总英康保险合作社。3 家公司在乐龄健保计划下所收取的保费和赔偿数额是一样的。如果是 41 岁及以上的新加坡公民或永久居民，将被分配给其中任何一家保险公司，受保人可以在 90 天内免费更换保险公司，如果超过 90 天才更换保险公司，将无法取回已缴付的保费，新的保险公司也将把该受保人的申请视为全新的申请，从而可能要求其去

做身体检查。[①]

4. 乐龄保健计划的补充项目——乐龄健保额外保障计划（ElderShield Supplements）

如果新加坡公民想要拥有更高的乐龄保健基金补偿额或者享受更长的补偿期限，公民可自行从卫生部门委派的 3 家私人保险公司购买乐龄健保额外保障计划。[②]

乐龄健保计划和乐龄健保额外保障计划相互独立，无论其是否是乐龄健保计划参与者，都能购买乐龄健保额外保障计划。因此，新加坡公民可以从不同的保险公司购买不同的保障计划，若满足补偿资格标准，也可以要求两者分别进行补偿。该计划根据不同的缴纳费用提供不同的额外福利，购买乐龄健保额外保障计划的公民可以选择现金支付保费，也可以选择从保健储蓄账户中划转，按照规定每人每年最多只可划转 600 新元。政府通过引入市场竞争机制，为不同的人群提供不同层级的服务，通过市场供需调节医疗服务的平衡，提高医疗资源配置的效率。[③]

乐龄健保额外保障计划的涵盖范围和福利不同，新加坡公民都会先与保险公司联系，以了解更多信息。截至 2016 年 8 月，乐龄健保额外保障计划主要包括英杰华保险设立的“我的护理”“我的额外护理”两项；大东方人寿设立的价值附加 300 或价值附加 400（Value Plus 300 or Value Plus 400）、乐龄健保综合（Eldershield Comprehensivc）两项；职总英康保险设立的黄金照护（Prime

---

① 周策．新加坡医疗保健服务的经验与启示［J］．社会探索，2010（3）：86-87．

②③ 新加坡卫生部网站 https://www.moh.gov.sg/content/moh_web/eldershield/eldershield-supplement-plan.html．

Shield)，[1] 见表 2—17。

表 2—17　　乐龄健保额外保障计划保险项目表

| 保险公司 | 保险项目 |
|---|---|
| 英杰华保险 | 我的护理、我的额外护理 |
| 大东方人寿 | 价值附加 300 或价值附加 400、乐龄健保综合 |
| 职总英康保险 | 黄金照护（Prime Shield） |

资料来源：新加坡卫生部网站. https://www. moh. gov. sg/content/moh _ web/eldershield/eldershield-supplement-plan. html.

5. 长期护理融资计划（Long-term Care Financing Schemes）

对老年人的长期照顾是一件极具挑战性的事情。乐龄健保计划正是这种资金筹集中的一种，通过参保人定时足额缴纳保费，分散个人整个生命周期的医疗风险。这种对老年人的长期照顾由综合护理机构（Agency for Integrated Care，简称 AIC）或护联中心提供。[2]

长期护理融资计划包括以下几项内容：

(1) 新加坡乐龄健保计划（ElderShield）。新加坡公民在重度残疾的情况下，每月可领取 300 新元或 400 新元。

(2) 失能老人临时援助计划（Interim Disability Assistance Program for the Elderly，简称 IDAPE）。2002 年开始，针对由于年龄太大已经存在残疾而无法领取老年保险的人，通过该计划可获得每月 150 新元或 250 新元的现金援助。

(3) 老年人流动和扶持基金（Seniors' Mobility and Enabling

① 新加坡卫生部网站 https://www.moh.gov.sg/content/moh_web/eldershield/eldershield-supplement-plan.html.

② 新加坡卫生部网站 https://www.moh.gov.sg/content/moh_web/eldershield/long-term-care-financing.html.

Fund，简称 SMF）。经过经济状况调查，为老年人购买辅助器材、家庭保健用品或将往返于社区护理中心的交通提供补贴。

（4）外籍劳工征税优惠（Foreign Domestic Worker Levy Concession，简称 FDWLC）。将雇用佣工照顾病人的家庭每月需缴纳的外籍劳工税降至 60 新元（原税额为 265 新元）。

（5）照顾者培训补助金（Caregiver's Training Grant，简称 CTG）。每年为照顾者提供 200 新元的资助，使其参加已认证的课程以更好地照顾他们的亲人。

（6）外籍家庭佣工（Foreign Domestic Worker Grant，简称 FDWG）。按照经济状况调查方案，为家庭提供每月 120 新元的现金，以帮助抵销家庭雇用外籍工人照顾残疾人的费用，这些残疾人在每日生活活动中至少需要得到三次援助。

（7）先锋残疾援助计划（Pioneer Disability Assistance Scheme，简称 PioneerDAS）。对于永久需要援助的残疾先驱者，每月最多有 100 新元的现金援助。①

## 二、新加坡医疗救助

### （一）保健基金计划

#### 1. 保健基金计划的救助对象

保健基金作为政府专门为贫困民众设立的医疗基金，将在保健储蓄账户和保健保险都无法提供保障时，为民众支起最后一张“安全网”。保健基金于 1993 年成立，需要此项援助的患者可通过所在医院的医务社会工作者向有关部门提出申请，医院的保健基金委员

① 新加坡卫生部网站 https://www.moh.gov.sg/content/moh_web/eldershield/long-term-care-financing.html.

会根据基金援助准则以及申请人的经济状况，审批提供援助的额度，对住在一定级别病房的病人不被批准享受该项援助。[①]

2. 保健基金计划的资金来源

保健基金是政府设立的一项信托基金，目的是协助贫困公民支付医药费。政府利用资金的收益资助病人，在第一年拨款2亿新元建立保健基金，以后每年国家根据经济持续增长的情况，在预算有盈余时，拨款1亿新元，直到保健基金有足够的款额。满足条件的贫困户可以向公立医院中政府指定的保健基金委员会提出申请，经福利部门审批后，方可按规定领取保健基金。

3. 保健基金计划的偿付

保健基金计划利用本金的利息收入为在C和B2等级病房接受治疗的申请人提供帮助，由专门的医疗机构提供医疗服务，包括中期护理中心、长期护理中心、医院、国家专科中心，只有在指定的医疗机构就医才能够获得保健基金计划的救助。[②] 另外，要想获得救助的资格，还需要满足其他三个条件：第一，申请者必须为新加坡公民；第二，申请者必须为补贴病人；第三，在得到保健储蓄和健保双全计划偿付，以及政府补贴之后仍然难以支付医疗费用者，只有全部满足上述四个资格者才能获得保健基金的补偿。

（二）失能老人临时援助计划

失能老人临时援助计划（IDAPE）属于政府援助计划，目的是为新加坡失能老人提供适度的经济援助。一些新加坡人可能因为年龄或先前存在的伤残情况而没有资格加入乐龄健保计划，政府对于

---

① 荆林波. 新加坡医疗保障制度的基本情况与经验［J］. 环球视野，2012（3）：55-62.

② 郑普生. 新加坡医疗保障模式对我国医保制度的借鉴［J］. 中国初级卫生保健，2009（12）：10-14.

这类人群颁布实施了失能老人临时援助计划。[①]

要申请 IDAPE 必须符合如下条件：

1. 申请者无法单独完成 6 项日常生活（洗漱、喂食、穿衣、如厕、移动、转移等）中的 3 项及以上；

2. 申请者须为 1932 年 9 月 30 日或之前出生的人，或者在 1932 年 10 月 1 日至 1962 年 9 月 30 日出生且在 2001 年 9 月 30 日之前就患有严重残疾的人；

3. 家庭月人均收入在 2 600 新元以下，或家庭主要收入来源者收入为零，或居住在住宅区且年家庭收入小于 13 000 新元。[②]

根据失能老人临时援助计划，2012 年 7 月符合条件的新加坡公民可享受每月 100～200 新元的经济补偿；2016 年 3 月起符合条件的新加坡公民每月可享 150 或者 250 新元的经济补偿，领取时间为 72 个月，以确保受保人的最低医疗保障[③]，见表 2—18。

**表 2—18　　新加坡 IDAPE 补贴标准表**　　单位：新元/月

| 家庭人均月收入 | 每月补偿额 |
|---|---|
| 0～1 800 | 250 |
| 1 801～2 600 | 150 |

资料来源：新加坡卫生部网站 https://www.moh.gov.sg/content/moh_web/home/costs_and_financing/schemes_subsidies/Interim_Disability_Assistance_Programme_For_The_Elderly.html.

### （三）社区健康援助计划（Community Health Assist Scheme，简称 CHAS）

2012 年新加坡卫生部提出社区健康援助计划（CHAS），该计

①②③　资料整理自：新加坡卫生部网站 https://www.moh.gov.sg/content/moh_web/home/costs_and_financing/schemes_subsidies/Interim_Disability_Assistance_Programme_For_The_Elderly.html.

划使得所有中低收入者有机会接受政府补贴，并享受全科医生以及牙医诊所的治疗。

1. 申请条件与途径

申请人必须是新加坡公民，并符合以下标准：

（1）对于有收入的家庭，家庭每人每月收入必须在 1 800 新元以下；

（2）对于没有收入的家庭，新加坡身份证（National Registration Identity Card，简称 NRIC）上反映的家庭年度价值（AV）必须在 21 000 新元及以下。另外，新加坡有公共援助（PA）卡的公民不需要申请 CHAS，因为他们可以通过 PA 卡获得完整的 CHAS 补贴。①

新加坡公民可以在任何公立医院、综合诊所、社区中心和俱乐部（CC）或社区发展委员会（CDC）领取 CHAS 申请表，每个家庭只需要提交一份申请表。对于有外国家庭成员的家庭（住在同一地址），只需提交一份具有外国身份证件（工作许可证/长期访问证）的清晰副本的申请表。21 岁以下的家庭成员需要父母或法定监护人在申请表格上签字以表示同意。对于精神失能的家庭成员，委任的受托人或代理人可代表他们签署。如果是受托人或代理人之外的其他家庭成员签署，还会需要其他的证明文件。通过注册 CHAS，新加坡公民数据将在卫生部（MOH）与合作伙伴之间共享。②

2. 社区健康援助计划的救助措施

得到社区健康援助计划帮助的新加坡公民，可以获得蓝色或者

①② 新加坡卫生部网站 http://www.chas.sg/default.aspx.

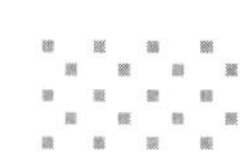



橙色健康辅助卡，持蓝色或者橙色健康辅助卡在 CHAS GP 和牙科诊所接受常见疾病、指定慢性病、指定牙科服务时可获得补贴。所有会员持卡就诊均可以享受不同系列的政府津贴，除非健康辅助卡上另有说明。健康辅助卡通常有效期为两年，在卡过期前 3 个月，每个家庭将收到续签邀请函，以及预填的续签表格。从 2014 年 9 月 1 日起，所有“建国一代”都能享受常见疾病、慢性疾病管理计划（CDMP）所列的慢性疾病、指定的牙科服务、健康筛查（健康促进委员会推荐）的特殊 CHAS 补贴。新加坡公民支付的金额将根据诊所收取的费用减去 CHAS 补贴。表 2—19 总结了新加坡公民可以获得的补贴，具体取决于卡的颜色[①]，见表 2—19。

**表 2—19　　　　新加坡 CHAS 医疗补贴表**

<table>
<tr><th colspan="2">项目</th><th>蓝色健康辅助卡</th><th>橙色健康辅助卡</th><th>建国一代</th></tr>
<tr><td colspan="5">资格标准（新元）</td></tr>
<tr><td colspan="2">家庭人均月收入</td><td>1 100 及以下</td><td>1 101 至 1 800</td><td rowspan="2">无论家庭收入和 AV 为多少，所有建国一代均享受 CHAS 福利</td></tr>
<tr><td colspan="2">住宅的年价值（AV）（仅适用于没有收入的住户）</td><td>13 000 及以下</td><td>13 001 至 21 000</td></tr>
<tr><td colspan="5">CHAS 补贴</td></tr>
<tr><td colspan="2">常见疾病（例如咳嗽和感冒）（新元/次）</td><td>最高 18.50</td><td>不适用</td><td>最高 28.50</td></tr>
<tr><td rowspan="2">CDMP 计划下的慢性病症（新元）</td><td>简单病</td><td>80/次<br>上限：320/年</td><td>50/次<br>上限：200/年</td><td>90/次<br>上限：360/年</td></tr>
<tr><td>复杂病</td><td>120/次<br>上限：480/年</td><td>75/次<br>上限：300/年</td><td>135/次<br>上限：540/年</td></tr>
<tr><td colspan="2">精选牙科服务（新元/流程）</td><td>11～256.5</td><td>65.50～170.5<br>（仅用于冠状、义齿和根管治疗）</td><td>21～266.5<br>（取决于流程）</td></tr>
</table>

① 新加坡卫生部网站 http://www.chas.sg/default.aspx.

续表

| 项目 | 蓝色健康辅助卡 | 橙色健康辅助卡 | 建国一代 |
|---|---|---|---|
| 健康促进委员会推荐的健康筛查（新元/次） | 健康促进委员会邀请函筛选测试（医生的咨询费） | | |
| | 最高 18.5（每年最多 2 次） | | 最高 28.5（每年最多 2 次） |

注：“简单病”是指单一慢性病；“复杂病”是指多发性慢性疾病或具有并发症的单一慢性疾病。

资料来源：新加坡卫生部网站 https://www.moh.gov.sg/content/moh_web/home/costs_and_financing/schemes_subsidies/Community_Health_Assist_Scheme.html.

### （四）先锋残疾援助计划（Pioneer DAS）

先锋残疾援助计划尊重新加坡先驱们为该国所做的一切。根据这项计划，残疾先驱者每月可领取 100 新元。要申请该计划，首先，必须保证在 1949 年 12 月 31 日及以前出生，并在 1986 年 12 月 31 日及以前取得新加坡国籍的公民；其次，至少有 6 个日常生活活动中的 3 个或 3 个以上无法独立完成，包括：洗漱、喂食、穿衣、如厕、移动、转移等。[①]

## 三、新加坡医疗福利

### （一）额外储蓄基金供给计划

新加坡的医疗福利主要体现在由雇主发起的额外储蓄基金供给计划。新加坡政府通过税收优惠政策鼓励雇主向是新加坡公民和永久居民的雇员提供额外储蓄基金供给计划（Additional Medisave contribution Scheme），参加该计划的雇主（自雇人士除外）可享受每年最高 2% 工资总额的税收减免，每人每年最高限额 1 500 新元。[②] 享受额外储蓄基金供给计划的雇员及缴费金额由雇主决定，且缴费额单独计算，不受保健储蓄计划供款上限的限制，缴费超过

① 新加坡卫生部网站 https://www.pioneers.sg/en-sg/Pages/Home.aspx.

② 冯鹏程. 新加坡保健储蓄计划研究及启示 [J]. 社会保障研究，2013 (6)：95.

此额度的金额将退还给雇主且不享受利息。

雇主可使用额外储蓄基金供给计划购买可转移医疗保险计划（Portable Medical Benefits Scheme），也可将其划入雇员的保健储蓄账户。可转移医疗保险计划是一个雇主发起的团体医疗计划，享受该项福利的雇员范围（不少于50%）由雇主确定，保障至雇员正常退休年龄。参加该计划的雇员可以获得离职后长达12个月的住院医疗保护，在12个月内，雇员找到新的同样提供可转移医疗保险计划的雇主，视同连续参保。

雇主提供医疗福利有一定的作用，但不应把个人保持健康的责任转移给雇主或保险公司，雇主提供的医疗福利可以免税，雇员的工资需要纳税，这样就会促使雇主与雇员双方为了得到更多的福利而减少工资，而不是高工资低福利。

（二）医疗服务

1. 医疗服务

新加坡医疗服务主要分为初级卫生保健以及二、三级医疗服务两部分。新加坡的初级卫生保健由社区内全科医生和护士等专业人员所提供。这些专业人员是病人生病后最先接触的医生，由社区内的全科医生或护士接受诊疗并向专科医院推荐后，病人才可以去专科医院接受进一步的检查与治疗。在新加坡，初级卫生保健主要由独立的多科联合诊所和私人诊所提供。截至2015年1月，新加坡共有18家多科联合诊所和1 500家私人诊所为新加坡居民提供初级医疗服务、健康预防和健康教育等。其中，联合诊所提供总体初级医疗服务的20%，私人诊所完成80%。这些服务包括：门诊医疗，患者出院后的后续治疗，免疫预防，健康检查和教育、诊断和药品服务。病人可以由联合诊所转入医院，以接受更专业的治疗，并在必要的时候领取补贴。[1] 然而，据统计 2015 年私人诊所的数量为 1 500 家，相比较 2014 年 2 000 家私人诊所，私人诊所数量呈现减少态势，从而在一定程度上反映出新加坡在缩小私人诊所覆盖面。

新加坡实行公私混合的医疗服务体系，鼓励相互竞争。1985 年新加坡对公立医院进行改革，改革后的医院作为非营利性机构由独立董事会管理运行，政府通过控股间接拥有医院的所有权。

2. 中长期护理

新加坡中长期医疗护理由广泛覆盖居住地和社区的医疗服务系统提供。这个系统由社区医院、慢性病医院、疗养院、精神病护理院、临终关怀机构、家庭医疗和家庭看护中心、日间康复中心、老年痴呆症日间看护中心、精神病日间看护中心和精神病康复院等组成。长期护理主要由政府资助的自愿福利组织提供，政府对由自愿福利组织运行的长期护理机构提供 90％的资本金和 50％的运行资金支持，其他部分的支出通过社区的捐赠弥补。新加坡大约有 426 张病床，4 705 张护理院床位为老人提供长期护理，其中 70％由自愿组织提供，另外的 30％由商业组织运行。

3. 社区护理——基本护理合作计划（PCPS）

新加坡卫生部同私人执业医生合作的基本护理合作计划（PCPS）是从 2000 年 10 月试行的，旨在让有需要的乐龄人士到私人诊所求医时也能够获得津贴，方便他们就近求医。按照计划，这些病人去私人诊所看伤风、咳嗽、头疼等疾病时，会得到相应的补

---

① 新加坡卫生部网站 https://www.moh.gov.sg/content/moh_web/home/our_healthcare_system/Healthcare_Services/Primary_Care.html.

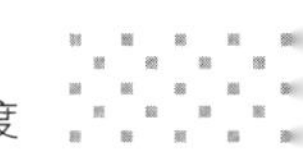

贴。但是如果得了糖尿病、高血压之类的慢性病，就必须去综合诊所看医生。

自2009年1月起，为协助贫困乐龄人士和伤残人士的基本护理合作计划进行政策调整，新加坡卫生部扩大了“基本护理合作计划”补贴范围，糖尿病、高血压以及高胆固醇三种慢性疾病也被包括在内。持有“老人医药卡”的慢性病患者，到私人诊所接受慢性疾病护理时，门诊费、药费和化验费都可享有政府的医药津贴，津贴额视病情而定，每年最高360新元。这不仅方便病人就医，也让医生能更好地监控病情、指导治疗。另外，66岁及以上并符合家庭收入条件者可向社区申请“社区医疗津贴卡”，基本护理合作计划的收入顶限也从家庭人均月入700新元调至800新元。

长期以来，新加坡政府非常重视社区医疗中心的建设。通过财政高投入、高补贴建立起较完善的公立社区医疗卫生中心，覆盖全体人民，并制定严格的病人逐级转院制度：病人先到社区医疗中心就诊，如社区医疗中心没能力治疗，再转到大型的综合医院，由社区医疗中心推荐的病人方可转入大型综合医院。这样既坚持了“公平优先、兼顾效率”的原则，又避免大医院、专业医生看“小病”的资源浪费现象。但由于公立社区医疗中心数量有限，在社区看病的人多，往往候诊时间较长。新加坡政府也意识到，由于人口老龄化速度加快，现有社区医疗资源和医疗保健体系也面临严峻的挑战。因此，目前新加坡也在探索设立区域性整合型医疗系统，以满足当地公民日益增长的医疗服务需求。

4. 新加坡保健政策

为使全体人民都能享受到在经济上可以承受的基本医疗保健服

务，新加坡政府于1993年10月2日制定了关于系统卫生政策的报告，称为“大众化医药保健白皮书”，其中保健哲学是新加坡制定卫生政策的原则。医疗保健政策涉及社会的公平享受、病人选择医院（医生）的权利、病人在经济上支付能力以及提供者在经营和定价上的自由，很难使这四方面都能感到满意，只能求得妥协。妥协的情况决定于社会、经济和政治上的条件。①

“大众化医药保健白皮书”鼓励人民保持身体健康，使新加坡成为一个国健民康的国家。政府重视开展健康教育和加强预防疾病的工作，提倡人民对自己的健康负责，采取良好的生活方式以保持健康，并为自己亲属的医疗需求进行储蓄，谨慎地使用医疗服务。这需要社会各方面共同努力，并有相应的鼓励措施，例如病人要直接支付部分医疗费用，避免过度依赖国家的福利和医疗保险。

“大众化医药保健白皮书”指出社会要向全体公民提供良好而且负担得起的基本医疗服务。追求良好医疗保健服务是卫生事业发展的必然，但必须以一国经济所能承受为度。新加坡不可能在所有医学领域都处于世界领先地位，但仍应务求优良。因为可用的医疗资源是有限的，不论是由国家或是由个人支付，社会需求都会导致资源的竞争。由于最新技术十分昂贵，在医疗技术、设备、培训和科研等方面要保持适当的均衡发展，资源分配务必使大多数人能得到较好的服务，即政府为人民提供保健服务，但规定了基本保健配套范围，而不是毫无限制地负担所有医药服务。

“大众化医药保健白皮书”强调完善初级卫生保健工作，基层门诊负责预防免疫、妇幼卫生、学校卫生、老年保健、精神卫生、

---

① 陈培元. 新加坡政府医疗保健政策白皮书介绍 [J]. 国外医学，1995 (3)：97-103.

慢性病、常见病、出院后康复及健康教育咨询。到医院和专科医院看病必须通过门诊转诊，否则医药费全部自理。医学院校毕业生在任住院医生期间，必须分两次到基层门诊工作，每次为期半年，并有部分常驻人员。基层卫生保健人员的工资与大医院人员基本一致。

## 第五节　新加坡医疗保障制度的发展动向

### 一、居家护理（care at home）

居家护理是基于居家养老模式之下的一种新型医疗保障制度。居家护理的目的在于鼓励更多优秀的医疗服务提供者以更高的效率和最低的成本为新加坡公民上门提供医疗服务。此项居家护理是综合运筹学、数据分析、技术以及业务流程设计改进的现代居家护理模式。

（一）居家护理保障对象

居家护理为弱势以及居家的老年人提供家庭护理服务、家庭医疗、家庭护理、家庭个人护理或整体护理包，使他们在家或社区就可得到照顾，在一定程度上缓解了被照顾者的精神与物质负担。许多老年人都希望在家中与家人生活在一起，为了支持老年人的愿望，新加坡卫生部（MOH）一直在考察居家护理服务的能力、质量和可负担性。根据统计资料显示，近年来，新加坡对居家护理服务的需求出现了大幅增长。[①]

（二）居家护理提供者

---

① 新加坡卫生部网站 https://www.moh.gov.sg/content/moh_web/home/Fundings_and_Medical_Research/care-at-home-innovation-grant.html.

居家护理的提供者包括所有个人、公司、非营利组织、在新加坡注册的其他实体或联盟、在新加坡注册以个人为代表的实体。

在居家护理的过程中，护理人员必须挨家挨户上门提供服务，因而在转换家庭之间会浪费掉很多时间，因此必须找到恰当的解决方案，以提高居家护理服务的生产力，满足社区中日益增加的家庭护理服务需求。

这种新护理模式要求护理工作人员的生产率至少提高50%，同时保证所提供的护理是高质量、以客户为中心和响应式护理。参与提供居家护理者可提出更低或更高的目标，并按照可行性生产率进行测量评估，例如（强制性）每名护理人员每天的平均客户工作时数、提供护理的客户数量或任何其他生产率指标。[①]

（三）居家护理补偿

按照新加坡公民不同的收入，居家护理根据人均收入的不同对其进行补贴，见表2—20。

表2—20　居家护理补贴表

| 家庭人均月收入（新元） | 补贴水平（%） | |
|---|---|---|
| | 新加坡公民 | 久居居民 |
| 0～700 | 80 | 55 |
| 701～1 100 | 75 | 50 |
| 1 101～1 600 | 60 | 40 |
| 1 601～1 800 | 50 | 30 |
| 1 801～2 600 | 30 | 15 |
| 2 601 及以上 | 0 | 0 |

资料来源：新加坡卫生部网站. https：//www. moh. gov. sg/content/moh _ web/home/Fundings _ and _ Medical _ Research/care-at-home-innovation-grant. html.

① 新加坡卫生部网站 https://www.moh.gov.sg/content/moh_web/home/Fundings_and_Medical_Research/care-at-home-innovation-grant.html.

（四）居家护理范围

居家护理模式应包括上门提供的医疗、护理、治疗等项服务，使他们能够在家或社区就得到相应的护理服务，以此减轻照顾者在家中照顾病人的负担。家庭服务的范围包括但不限于以下几个方面。[①]

1. 家庭医疗

（1）综合护理评估；

（2）慢性病症的管理；

（3）管理简单的急性或亚急性医学病症；

（4）转介给适当的其他学科专家或服务提供者；

（5）在必要时安排安全转移住院；

（6）适当的急性和慢性处方药物；

（7）向病人说明医疗条件和管理计划；

（8）执行小型医疗程序，例如，简单伤口清创、关节内注射等；

（9）订购和解释适当的调查。

2. 家庭护理

（1）手术后管理，例如，注射的管理、护理中心静脉管、气管造口或引流管；

（2）伤口管理；

（3）导尿管和引流管的维护/更换及其类似护理；

（4）口腔护理，例如，结肠造口和回肠造口护理；

---

① 新加坡卫生部网站 https://www.moh.gov.sg/content/moh_web/home/Fundings_and_Medical_Research/care-at-home-innovation-grant.html.

（5）监测疼痛控制；

（6）插入鼻胃管和管饲；

（7）帮助排便，例如，灌肠或手动疏散；

（8）监测客户的医疗状况，例如，血压、血糖检查；

（9）在各方面提供照顾者教育和培训的护理，例如，预防跌倒、压疮、适当喂食技术等；

（10）关于日常生活活动的建议，例如，营养咨询和教育；

（11）监测用药依从性和适当服用药物；

（12）管理、监督和包装药物。

3. 个人护理

（1）个人卫生；

（2）协助日常生活活动和其他个人护理任务；

（3）刺激心灵的活动；

（4）援助药物；

（5）执行简单的维护练习。

## 二、培育 SG 计划（Nurture SG）

新加坡卫生部（MOH）于 2016 年在供应委员会会议上宣布将联合成立一个机构间的工作小组（inter-agency taskforce）来指导培育 SG 计划，旨在加强年轻人的健康发展。众所周知，一个人的生活习惯通常在年幼时形成，并一直保持至成年期。因此，新加坡政府认为确保孩子早期养成健康的生活行为，对后期孩子们维持健康的身体状况极其重要。

该计划将重点培养青年的健康行为，家长、监护者、教育工作者和社区都应该为实现这一目标而积极参与行动。通过提升青年的

生活技能并创造一个有利于他们健康生活的环境，减少由于不良生活方式引起的各种慢性疾病，促进新加坡青年的整体健康，为新加坡的未来发展奠定坚实的基础。政府不定期地会举办公益咨询活动，邀请家长、监护者、青少年及私营机构，包括学前教育机构，就如何鼓励及扶助儿童及青少年形成并保持健康的生活方式提供咨询帮助。①

## 三、价值导向

（一）超越医院到社区（Beyond Hospital to Community）

1. 转变医疗体系，满足新加坡人的需要

改变现有的医疗保健模式，医疗保健从以医院为中心变为以家为中心，重视初级社区护理设置，满足更多新加坡人的医疗需求。2017 年，卫生部（MOH）将着手加强基层和社区护理服务。②

2. 初级照护转型，建设初级照护网络（Primary Care Network，简称 PCN）

初级照护是新加坡医疗体系的基础。随着老龄人口不断增加，慢性病患病率上升，护理需求日益复杂，建立强大的初级照护部门，并妥善管理老年人的慢性病，对于帮助新加坡人保持健康非常重要。其中，新加坡 80％的初级照护服务需求由全科医生（GP）满足，成为提供有效初级保健的关键。2012 年，对全科医师进行概念化处理，实施了第一个基层护理网络（PCN）试点，对基层社区人口的慢性病进行团队化管理。2017 年新加坡卫生部将加大对全科

---

① 新加坡卫生部网站 https://www.moh.gov.sg/content/moh_web/home/pressRoom/highlights/2016/nurturesg.html.

② 新加坡卫生部网站 https://www.moh.gov.sg/content/dam/moh_web/PressRoom/Current_Issues/2017/COS2017/Beyond%20Hospital%20to%20Community_final.pdf.

医生（GP）的支持力度，支持更多的全科医生开展PCNs。根据该计划中的护理模式，全科医生进入由全科医生、护士和卫生专业人员组成的虚拟网络，更全面、更有效地管理患者的需求。①该计划将为患者和全科医生带来诸多好处。

（1）给患者提供更好的护理质量与更优的效率。方便患者获得糖尿病、足和眼睛筛查等服务；护士作出个性化建议，控制发生慢性病的条件，包括生活习惯和饮食习惯；护理协调员帮助协调与医师的会诊；更密切地监测其慢性病状况并采取积极的早期干预措施。

（2）全科医生参与该项目将获得以下好处：获得卫生部资助和行政支持，开展团队合作，监测患者、改善护理效果；获得额外的资金支持，以更好地治疗复杂慢性病，例如糖尿病；通过PCN协议和同行交流、学习最佳的护理知识。

3. 加强心理健康服务，进行社区心理健康总体规划

精神卫生服务的需求随着人口年龄的增加而增加。自2012年推出社区心理健康（Community Mental Health，简称CMH）总体规划以来，卫生部增加了精神卫生服务和实施方案的能力。卫生部会在2017年推出新的CMH五年总体规划，以进一步加强社区精神卫生服务，更好地支持有精神卫生状况的病人。②新计划的内容包括：

（1）提早发现精神健康症状。培训来自某些政府机构的前线雇员，例如建屋发展局（Housing and Development Board，简称HDB）、国家环境局（National Environment Agency，简称NEA）、

①② 新加坡卫生部网站https://www.moh.gov.sg/content/dam/moh_web/PressRoom/Current_Issues/2017/COS2017/Beyond%20Hospital%20to%20Community_final.pdf.

新加坡警察部队（Singapore Police Force，简称 SPF），以确定和回应社区中的心理健康案例。

增加痴呆症友好社区（Dementia-Friendly Communities，简称 DFC）的数量，痴呆症友好社区是通过对个人、企业和其他合作伙伴进行培训，以确定并协助老年痴呆症的管理。

（2）加强满足社区心理健康需求。综合护理机构（Agency for Integrated Care，简称 AIC）作为对社区精神卫生需求的“第一响应者”，积极参与社会护理健康资源协调。

（3）扩大综合诊所的精神卫生服务。在综合诊所内提供心理健康和痴呆康复服务。

（4）加强社区综合保健及社会服务。为 130 多家社会服务机构提供培训，提高其为客户提供精神健康状况检查的水平。

到 2021 年，将社区延伸小组（Expand community outreach teams）从现在的 18 个扩展到 50 个，普及公众心理健康的相关知识，并鼓励公众接触弱势群体，逐步消除社会对弱势群体的抵触心理与排斥行为。

到 2021 年，联盟健康社区干预小组（allied health community intervention teams）从目前的 14 个增加到 18 个，以支持全科医生、社区和基层组织检查人们的精神健康状况。

（5）加强心理健康研究所（Institute of Mental Health，简称 IMH）支持出院后护理的功能。心理健康研究所（IMH）扩大病例管理范围，在未来 5 年内再增加 3 000 名患者。

4. 加强临终关怀：保守治疗（Palliative care）

卫生部加强临终关怀，通过为个人提供前期护理计划（Advance Care Planning，简称 ACP)，增强保守保健和促进家庭保守治疗。[①]

（1）推进护理计划。培训辅助者与个人及其家庭成员开展一系列关于他们生命关怀偏好的对话，成为护理计划的重要组成部分。在未来四年中，卫生部将持续、深入支持 ACP 两方面内容：①通过各种试点提升 ACP 的意识，例如在医院和家庭护理中提升前期护理计划，目标是达到每年为超过 100 000 名新加坡人提供此类服务。②在卫生保健中心，例如门诊和诊所，实施 25 000 个 ACP 项目。

（2）提高公众对保守治疗的认识和理解。为了更好地了解保守治疗，卫生部将与新加坡临终关怀委员会（Singapore Hospice Council，简称 SHC）连续三年发布社区参与倡议，提高公众对保守治疗的认识和了解。

（3）加强保守治疗服务。提供更好的保守治疗，保持患者较高的生活质量，尊重那些寻求保守治疗者的愿望，与新加坡临终关怀委员会进行交流，改善保守治疗提供方案，激励部门发展，保持质量改进，满足“国家保守治疗准则”的要求。

（4）大多数新加坡人更愿意在家被照料，而不是在医院或公共机构。由国家医疗保健集团（the National Healthcare Group，简称 NHG）和东方健康联盟（the Eastern Health Alliance，简称 EHA）发起，区域卫生体系将与社区服务商合作，试点新的综合性关怀护理方案，以照顾病重患者。

---

① 新加坡卫生部网站 https://www.moh.gov.sg/content/dam/moh_web/PressRoom/Current_Issues/2017/COS2017/Beyond%20Hospital%20to%20Community_final.pdf.

（5）卫生部提供补贴和保健储蓄日的临终关怀护理。自 2017 年 8 月 1 日起，将补贴给儿科家庭保守治疗，谨慎为生命受到威胁的儿童提供保守治疗。

（二）超越质量到重视价值（Beyond Quality to Value）

1. 新加坡保险公司 ACE 发布的药品和护理指南

（1）新加坡每年都会引进新药物和新设备等医疗保健技术。这些物资具有不同程度的临床益处和成本。

（2）护理效能机构（The Agency of Care Effectiveness）成立于 2015 年，目的是通过卫生技术评估确定技术的相对价值（Health Technology Assessment，简称 HTA）。HTA 是一种国际公认的科学方法，在现有技术的基础上，用于评估新技术的临床和成本效益。

（3）ACE 于 2017 年 5 月发布第一批药物指南。此外，ACE 还将在 2017 年 7 月发布适用于糖尿病的护理指南。[①]

2. 提高效率，保持未来医疗的可负担和可持续

（1）新加坡一直在提高医疗保健行业的生产力，使新加坡能够持续提供优质的护理服务和更优的护理价值。

（2）自 2012 年 4 月起，卫生部根据“医疗保健生产力路线图”（Healthcare Productivity Roadmap）支持了 200 多个项目，包括部署技术和 IT，批量采购，以及工作流程和工作内容的重新设计。

（3）新加坡将继续延续三方（卫生部、工会和医疗服务提供者）工作机制，并将生产力改进工作集中在以下四个关键领域：①

---

① 新加坡卫生部网站 https://www.moh.gov.sg/content/dam/moh_web/PressRoom/Current_Issues/2017/COS2017/Beyond%20quality%20to%20value_final.pdf.

帮助患者更有效地选择（navigate）最佳护理质量的医疗系统；②自动化的劳动密集型活动，提高运营效率；③简化工作流程，扩展工作角色，提高护理人员的工作能力，以更有效地进行工作，并满足患者更全面的需求；④赋予病人、照顾者和志愿者自我服务和自我照顾的能力。①

（三）超越医疗保健（Beyond Healthcare to Health）

新加坡致力于提供更加完善的医疗保健，鼓励公民更加注重健康。2017 年卫生部将进行更大投入，鼓励人们形成良好的卫生意识，对导致疾病的原因进行早期预防，降低慢性病的患病率，提出提高卫生意识主要从三个方面入手：预防、检查和控制。②

在预防阶段，提倡社区健康饮食。自 2017 年 4 月 1 日起实施一体化健康饮食指南，公共部门将在这一环节发挥作用，健康促进委员会也将对饮食行业进行指导以达到更加健康的饮食水平。提出更加健康的原料发展计划（Healthier Ingredient Development Scheme，简称 HIDS）。自 2017 年 7 月 1 日起，健康促进委员会将在三年内投资 2 000 万新元，从食品原材料入手，激励食品供应商和制造商创新开发成分更加健康的产品，供消费者食用。同时实施健康监测（Launch of Health Hub Track），自 2017 年 4 月起，健康促进委员会将推出这一应用程序，便于新加坡公民利用数字工具监测和管理自身的健康状况。③

在检查阶段，引入糖尿病风险评估工具。目前健康促进委员会

① 新加坡卫生部网站 https://www.moh.gov.sg/content/dam/moh_web/PressRoom/Current_Issues/2017/COS2017/Beyond%20quality%20to%20value_final.pdf.

②③ 新加坡卫生部网站 https://www.moh.gov.sg/content/dam/moh_web/PressRoom/Current_Issues/2017/COS2017/Beyond%20healthcare%20to%20health_final.pdf.

推出的“生命之窗”（HPB's Screen for Life）计划建议年龄在40岁以上的公民每三年进行一次糖尿病筛查。卫生部将推出糖尿病风险评估（DRA）工具，帮助18岁至39岁的新加坡人评估未确诊的糖尿病风险，帮助他们确定是否应该去进行糖尿病筛查。该工具纳入了几个风险因素，例如家族史、年龄、性别、体重指数（BMI），身体活动和营养、已知高血压和妊娠史糖尿病。增大日常筛查（Screen for Life，简称SFL）费用补贴，为了进一步鼓励SFL下的筛选和跟踪，卫生部将简化补贴框架，并从2017年9月1日起加强补贴，针对不同人群给予不同的补贴标准。[②]

在控制阶段，为降低肾脏疾病的发生率，减缓慢性肾脏疾病恶化的速度，自2017年4月起新加坡卫生部将推出降低和追踪慢性肾脏疾病的整体计划（Holistic Approach in Lowering and Tracking Chronic Kidney Disease，简称HALT-CKD）。除启动和优化肾脏保护用药之外，HALT-CKD将更好地识别和控制慢性肾脏疾病的风险因素，例如血压和糖尿病控制。为更好地指导初级保健医生照顾糖尿病患者，护理效能机构于2017年7月发布两项护理指南：第一项护理指南旨在为Ⅱ型糖尿病药物提供建议；第二项指南将补充2014年发行的“糖尿病临床实践指南”，完善糖尿病前期的治疗方法。[③]

新加坡医疗保障计划汇总见表2—21。

表 2—21　　新加坡医疗保障计划汇总表

| 计划类别 | 计划名称 | 内容 |
| --- | --- | --- |
| 医疗保险 | 保健储蓄计划 | 新加坡保健储蓄计划是一项全民族的保障计划，该计划规定个人将收入的一部分存入中央公积金账户，以应对个人或直系亲属的住院治疗费用、日常手术费用和门诊费用 |
| | 慢性病管理计划 | 慢性病管理计划针对糖尿病、高血压等慢性病对病人提供一定的政府补贴 |
| | 终身健保计划 | 终身健保计划是一项具有强制性、全民参保、终身参保，具有社会统筹形式的大病医保计划。该计划的全面实施，在一定程度上标志着新加坡大病保险制度的正式建立 |
| | 综合健保双全计划 | 综合健保双全计划是由公积金局管理的终身健保计划与商业保险公司承保的额外私人受保项目两部分组成。终身健保计划的补偿是针对入住 B2 级、C 级病房津贴后的费用以及在特定门诊治疗而制定的。为了满足参保人更高水平的医疗服务需求，参保人可以购买私人综合健保计划下的额外受保项目 |
| | 乐龄健保计划 | 乐龄健保计划是为有严重伤残的公民提供的一项制度保障计划。根据该政策规定，当这些有严重伤残的公民年老后，国家会在规定的一段时间内为年老的严重伤残者提供现金补偿，为他们提供基本的医疗保障，保证其享受政府提供的医疗服务 |
| | 乐龄健保额外保障计划 | 乐龄健保额外保障计划指若新加坡公民想要拥有更高的乐龄健保基金补偿额或者享受更长期限的补偿，公民可自行从卫生部门委派的 3 家私人保险公司购买乐龄健保额外保障计划 |
| 医疗救助 | 保健基金计划 | 保健基金计划作为政府专门为贫困民众设立的医疗基金，将在保健储蓄账户和保健保险都无法提供保障时，为民众支起最后一张“安全网”，旨在帮助那些特别穷困的人 |
| | 失能老人临时援助计划 | 失能老人临时援助计划属于政府援助计划，目的是为伤残贫困群体提供适度的经济援助。一些群体可能因为年龄或先前存在的伤残情况而没有资格加入乐龄健保计划，政府对于这类人群颁布实施了失能老人临时援助计划 |
| | 社区健康援助计划 | 社区健康援助计划（CHAS）使得所有中低收入者有机会接受政府补贴，并享受全科医生以及牙医诊所的治疗 |
| | 先锋残疾援助计划（PioneerDAS） | 先锋残疾援助计划（PioneerDAS）是先锋计划的一部分，这一计划尊重新加坡先驱们为该国所做的一切。根据这个计划，残疾先驱者每月可领取 100 新元，他们可以用作治疗支出 |

续表

| 计划类别 | 计划名称 | 内容 |
|---|---|---|
| 医疗福利 | 额外储蓄基金供给计划 | 由雇主发起的额外储蓄基金供给计划，新加坡政府通过税收优惠鼓励雇主向新加坡公民和永久居民的雇员提供额外储蓄基金供给计划 |
| | 基本护理合作计划 | 基本护理合作计划（PCPS）是从2000年10月试行的，旨在让有需要的乐龄人士到私人诊所求医时也能够获得津贴，方便他们就近求医 |
| 医疗福利 | 居家护理 | 居家护理为弱势和在家的老年人提供家庭护理服务、家庭医疗、家庭护理、家庭个人护理或整体护理包，使他们留在家里或社区就可以得到一定水平的照顾 |

# 第三章

# 新加坡住房保障制度

## 第一节　新加坡住房保障制度的历史沿革

在新加坡独立之前，人们的居住条件极其恶劣，贫民窟随处可见。直至新加坡发展出独具特色的住房保障计划，才使得这个陆地面积狭小而人口密度巨大的国家成为人类适宜居住地，使得新加坡公民过上了“居者有其屋”的安定生活。

1927 年，新加坡还是英国殖民地的时候，成立了改良信托局(Singapore Improvement Trust，简称 SIT)，当时的改良信托局只针对无家可归的贫困人口，资金主要局限于公益设施或改善军事用地的建设。这一时期政府对于人民的住房问题不够重视，直到 1959 年，新加坡自治政府成立，保障性住房政策开始出现。新加坡政府从英国殖民政府手中接过自治权时，人们的住房条件极其恶劣，当时的总人口已经达到 150 万左右，1/3 的人口挤在市区方圆 4 平方公里的狭小范围，25 万人住在城市的贫民窟内，30 万人住在棚户区。有鉴于此，1960 年新加坡政府成立了建屋发展局（HDB），正式取代了改良信托局；同年颁布了《建屋发展法》，为政府组屋的建设提供了法律保障。

建屋发展局成立后，新加坡政府开始实施一系列措施来兴建房屋，保障人们的住房安全。1961 年，建屋发展局开始修建面向中低收入者的政府组屋，这一时期主要以租赁的方式向人们提供房屋。当时修建房屋用地主要以临近中央商业区 5 英里范围内的既有棚户、小农场主和破旧住房的拆迁用地作为来源。[①] 到 1964 年年底，新加坡居民有 40 万人口住进公共组屋。虽然人们的居住条件得到很大的改善，但由于租赁房屋的收入限制，仍然有很大一部分人口居无定所。为此，政府推出了“居者有其屋计划”，放宽收入上限鼓励中低收入的小家庭购买政府公共组屋。1966 年，新加坡政府颁布了《土地征用法令》，规定政府有权征用私人土地用于国家建设，可在任何地方征用土地建设保障房，由最大的土地所有人和唯一的官方组织——建屋发展局来推动公共住房的发展。但是由于可供出售的组屋数量仍然较少且大多数公民难以提供首付款，1968 年新加坡政府对中央公积金制度进行调整，允许公积金会员动用公积金储蓄购买政府组屋，这一政策极大地提升了民众对公共供应住房的购买能力和热情，1968 年卖出的公共住房是上一年的两倍。[②]同年，政府推出“公共住房计划”，通过这一计划逐步实现居者有其屋。1970 年，公共住房开始进入商品化阶段。1974 年，公共住房开始扩展至中产阶级，这类家庭虽然超出了申请公共住房的收入上限，但也不足以购买私人住房，也被允许向建屋发展局申请购买公共住房。同年，国营房屋与城市开发公司成立，这是一个以满足中等收入群体住房需要为主的法人团体。至此，形成了中央公积金支持下以国营房屋、城市开发公司、私人市场为主体的三元住房供应模式。

---

①② 何洪静. 新加坡住房政策的发展进程及效果评价［J］. 东南亚研究，2014（1）：21.

1981 年，政府推出“特准居住财产计划”，此计划允许公积金会员动用公积金储蓄购买私人建造的住宅。同年 11 月又推出“住房保障计划”，主要解决意外情况下的住房贷款偿还问题，这一计划的颁布使中央公积金制度不再局限于自我保障，开始出现少量社会性质的保障。为了促进不同收入群体的相互融合，国营房屋与城市开发公司和建屋发展局合并，并于 1982 年将管理权交由建屋发展局。但是，随着建屋发展局也开始大面积建设高档公寓，20 世纪 80 年代后期房屋与城市开发公司的建设职能被终止了。建屋发展局的服务对象由此覆盖到了中等和中低收入家庭。1986 年，由国营房屋与城市开发公司所有人发起，其部分职能开始私有化。1995 年随着《土地权利（阶层）法》（修订）的颁布，使国营房屋与城市开发公司的职能完全私有化成为可能。[①] 1980 年，中低收入家庭住房保障已经得到了大面积覆盖。在这一阶段，政府开始致力于提升房屋质量，改善住房舒适度。1980—1985 年，公共住房成为促进社会治理和辅助经济政策实施的工具，政府利用建屋发展局来培养和提升社会价值，内化社会控制和支持总体的经济政策。1986 年以后公共住房开始出现政治化的特征。这一时期，领导人为了获得更高的选票，承诺建设质量更好、覆盖更多群体的公共住房。

20 世纪 90 年代，新加坡经济与发达国家水平不相上下，住房问题也已经基本解决。1991 年，建屋发展局开始尝试为新加坡公民提供更广泛的设计选择，在房屋建造上不再局限于两室或三室，开始出现四室和五室。1993 年，建屋发展局调整了住房抵押贷款政

① 黄大志，亚得列·雅蒲. 新加坡：从普遍提供公共住房到满足日益增长的私人住房需求［J］. 张占力译. 经济社会体制比较，2013（4）：97.

策，二级市场购买者最多可获得相当于售价 80％的抵押贷款，低收入家庭则可达 95％。[①]

1997 年建屋发展局开始调整二手交易税，引入对其下辖物业的转手税收措施，以缩短等待新物业的时间，并让潜在客户能在不支付转让税收的条件下购买转售住房。在日益成为全球化城市国家的背景下，新加坡私人物业需求不断增长，此时私人住房市场以提供高档住房为主，开始刺激公共住房市场。政府将小片土地出租给私人公司用于房屋建设，且可以用公积金来购买这类住房。自 1998 年起，为对抗经济危机，新加坡降低了中央公积金缴费率，建屋发展局也提供了额外的低利率贷款，以帮助低收入群体购买住房。[②]

进入 21 世纪以来，新加坡的住房政策已经发展得非常完善，保证了中低收入家庭在中央公积金的支持下能够居者有其屋，对于高收入家庭也有相应的高档私人住宅选择权，真正实现了全民有房可住。在这一阶段，政府主要致力于提供更高水平的生活环境，以及邻里之间的相互照顾和融合。2007 年，建屋发展局对中心地带的组屋进行重塑更新；2008 年提出邻里重建计划，为人文社会的发展建设做出相应的贡献。总之，21 世纪的住房保障制度处于不断发展与完善的阶段，不仅保障了各类家庭的住房，还致力于弱势群体的住房保障，例如老年公民计划、孤儿计划等（见表 3—1）。

**表 3—1　　新加坡住房保障发展时间表**

| 年份 | 事件 | 主要内容 |
| --- | --- | --- |
| 1927 | 成立改良信托局 | 针对无家可归的贫困人口，主要建设公益设施或改善军事用地 |

①② 何洪静. 新加坡住房政策的发展进程及效果评价 [J]. 东南亚研究，2014 (1)：22.

续表

| 年份 | 事件 | 主要内容 |
| --- | --- | --- |
| 1960 | 成立建屋发展局 | 针对中低收入家庭建设保障住房 |
| 1964 | 提出“居者有其屋计划” | 鼓励中低收入者购买政府组屋 |
| 1967 | 颁布《土地征用法令》 | 政府有权征用私人土地用于国家建设 |
| 1968 | 调整中央公积金制度 | 允许会员动用公积金购买组屋，推出“公共住房计划” |
| 1974 | 扩展公共住房提供群体 | 向中产阶级提供公共住房 |
| 1974 | 成立国营房屋与城市开发公司 | 为满足中等收入群体住房需要为主的法人团体 |
| 1980—1985 | 公共住房服务于社会治理和经济发展 | 提升社会价值，内化社会控制，支持总体经济政策 |
| 1986年以后 | 出现政治化特征 | 成为增加选票的工具 |
| 20世纪90年代 | 私人住房市场刺激 | 私人住房市场主要提供高档住房 |
| 2007 | 重塑中心地带组屋 | 改建破旧组屋 |
| 2008 | 邻里重建计划 | 促进邻里关系的融洽 |
| 2008年以后 | 住房保障制度完善阶段 | |
| 2015 | 规定1995年以前的组屋可以进行翻新 | |

## 第二节　新加坡住房保障制度的管理体制

新加坡组屋的开发与建设由政府来主导，但政府并不直接参与住房建设。中央政府负责对建屋发展局提供财政支持，起兜底作用，定期为建屋发展局提供赤字津贴。具体的住房建设和管理由建

屋发展局来实施，这是一家半官方的独立机构，主要负责政府公共住房的选址、修建、出租和售卖等具体事务。

## 一、土地供给管理

土地的管理是由国家发展局下的土地管理局进行管理。国家土地的所有权归国家发展局所有，但土地的分发、售卖权则归土地管理局所有。该局于2001年成立，负责对全国的土地进行统一管理，制定和执行土地政策，统一管理土地的划分、土地的契约和征用等事务。

## 二、住房建设管理

政府在住房建设方面的责任主要是合理规划公共住房的数量和房型。政府坚持以人为本的规划理念，旨在打造良好的居住环境，严格控制组屋的数量和质量，对建屋发展局的建设提供财政支持。政府扮演的是规划者、调控者、管理者和支持者的角色。

建屋发展局负责房屋的具体建造和售卖。建造之前，建屋发展局会提前选择好地理位置，之后将信息发布，用于收集民众的购买或租赁意愿，有意向并符合申请资格的公民可以向建屋发展局申请。建屋发展局根据申请情况进行评估，利用计算机摇号确定预定对象，之后可以开始预定并签订合同。若评估通过则面向市场公开招标，由中标企业建设，项目竣工之后即可入住；若评估没有通过或者民众的需求不足则会放弃此项目的建设方案。新加坡建屋发展局共有22个分局和2个服务中心，分布在各市镇，为人们提供快捷的屋契和租约服务。组屋的日常维修管理工作由市镇理事会负责，该组织是民间自治组织。在一个或几个选区内部，由选区内的国会议员担任主席，其他委员由主席委任，主要职责是维修、管理、改善公共组屋及组屋区内的公共设施。物业管理资金除住户按月缴纳外，政府给予补助。[①] 此外，城市重建局、港务局、国营房屋与城市发展公司也参与政府公共住房的建设。

## 三、住房资金供给

中央公积金局作为政策性金融机构为政府提供建房贷款，把收缴的公积金归集起来后，除留足会员提款外，其余全部用于购买国家债券，政府把这部分资金贷给建屋发展局用于房屋建设。[②] 中央公积金的会员可以用公积金的存款购买或租赁政府的公共住房。中央公积金局隶属于劳工部，作为公共住房强大的经济后盾，其管理运营关系着整个住房建设资金的稳定性。

需要指出的是，新加坡的住房保障制度始终秉承着立法先行的原则。对于土地的管理和使用，有《土地征用法》进行法律保障和规范；《建屋发展法》则主要监督和保障建屋发展局房屋建设的规范性；《中央公积金法》规范中央公积金的使用和管理。针对每个领域的每个部门都有一部规范性的法律作为准则，体现了新加坡国家治理的法制性和规范性，用法律手段更好地保障公民的生活质量和稳定性。

新加坡组屋的开发与建设由政府主导，但政府并不直接干预住房建设，而是分别通过土地管理局、建屋发展局、中央公积金局对国家的住房进行管理，新加坡住房保障管理体制结构见图 3—1。其中，为保证工作的细致化与精准化，建屋发展局在新加坡住房建设中处于核心地位，其内部行政结构见图 3—2。

---

① 中青班课题组. 新加坡住房制度及其启示 [J]. 厦门特区党校学报，2007 (1)：23.

② 郭伟伟. 保障房在国外聚焦新加坡组屋经验 [J]. 封面故事，2011 (5)：36.

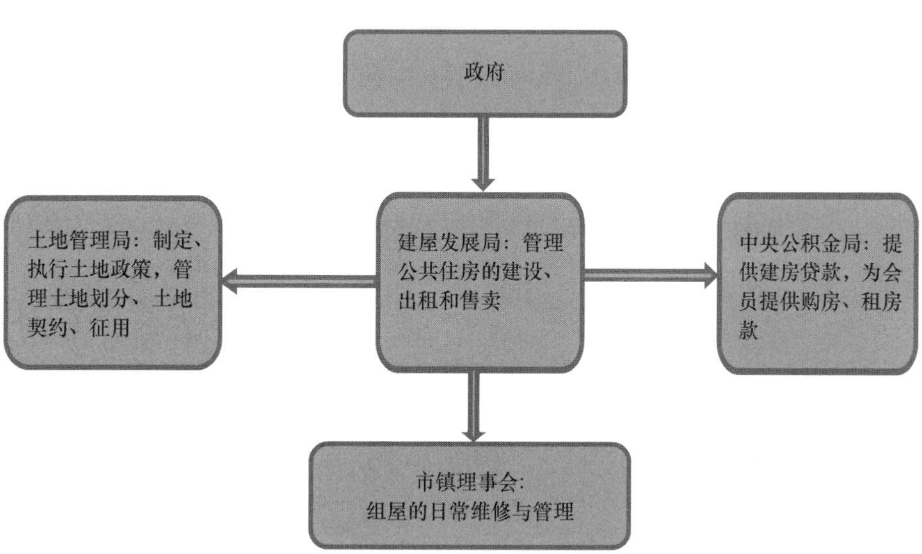


图 3—1 新加坡住房保障管理体制及职能结构图

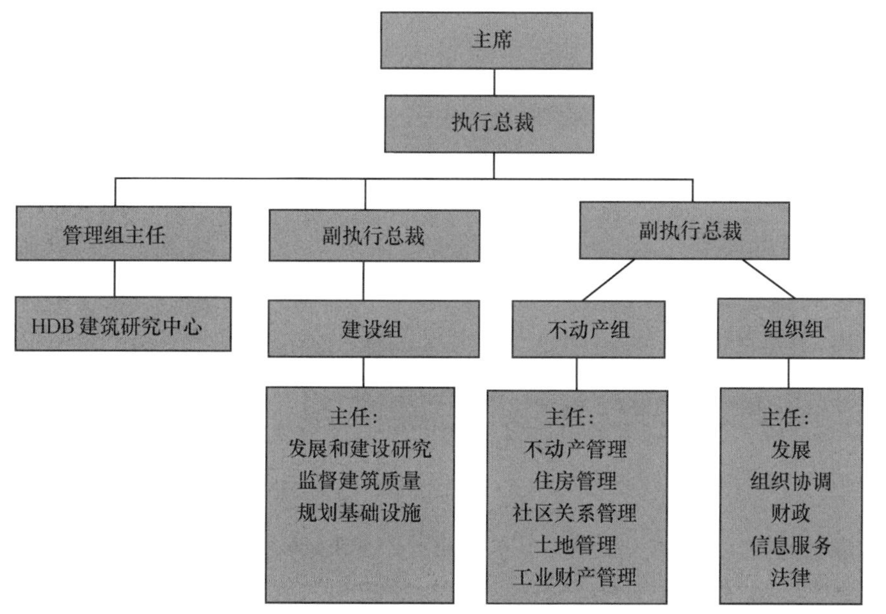


图 3—2 建屋发展局行政结构图

资料来源：李俊夫，李玮，李志刚，薛德升．新加坡保障性住房政策研究及借鉴［J］. 国际城市规划．2012（27）：38.

# 第三节　新加坡住房保障制度的特点

## 一、立法先行，法律体系完善

新加坡住房保障制度的基础是完善的法律体系，成体系的住房保障法律推动新加坡住房保障持续、稳定的发展，进而保证新加坡居民住房问题的有效解决。通过颁布详细的住房保障相关条例，明确规定住房保障中主体责任、客体责任、土地征收的赔偿、中央公积金的征收与扣缴、组屋公平分配原则等内容。对符合申请购买房屋规定的新加坡居民，以明令条文的形式明确以下事项，即购买者资格审查、购买申请、购买程序、住房补贴，甚至组屋转售、组屋转租等，从而极大地减少了住房政策在实施过程中出现人为失误的风险，从源头上防止出现住房资源的浪费。在强调发挥政府的住房市场主体作用的同时，更加注重政府对住房市场的依法治理。依照法律规定，购买新加坡组屋的居民必须严格出示所需证件，审核通过之后方可依照法律规定的程序购买属于自己的组屋。任何人以任何理由、任何方式违反政府购买组屋的法律规定，都会面临被告上法庭的风险。在法律保证的前提下，以政府为主导进行住房市场分配，使得新加坡居民成为真正的政策受惠者，逐渐达成“居者有其屋”的政策安排。新加坡颁布的主要住房保障法律法规见表3—2。

表3—2　　新加坡颁布的主要住房保障法律法规

| 颁布年份 | 住房法规名称 | 主要内容 |
|---|---|---|
| 1955 | 《中央公积金法》(Central Provident Fund Act) | 该法实行强制性储蓄计划，制定初期是为了解决退休之后的生活费用等问题。后期是公共住房建设和住房消费信贷的主要资金来源 |
| 1960 | 《住房发展法》(Housing Development Act) | 该法第271章规定：成立建屋发展局（HDB）作为组屋的开发、运营、分配管理机构 |

续表

| 颁布年份 | 住房法规名称 | 主要内容 |
|---|---|---|
| 1967 | 《土地征用法》（Land Acquistion Act） | 授予建屋发展局（HDB）等下属部门强制征地的权利，以保证组屋建设、土地开发等相关计划能够以远低于私人开发商购地的价格获取土地。一般约为土地市场价格的70％ |
| 1968 | 《中央公积金修改法令》（Central Provident Fund Revision） | 拓展公积金的应用范围，规定公积金用于医疗、养老范围以外，可以用于组屋建设投资和住房消费信贷的主要资金来源 |
| 1973 | 修订《土地征用法》（Land Acquistion Act） | 规范土地征用的补偿标准，制定了详细的土地征用标准细则 |
| 1981 | 《中央公积金修正案》（Central Provident Fund Revision） | 在全国实行强制性住房保险计划，组屋拥有者在丧失偿还抵押贷款能力的情况下，由中央公积金局负责清偿尚欠的余款。具体操作方式为对公积金储蓄做一次性的折减 |

资料来源：杨晔．新加坡住房制度研究［D］．天津师范大学硕士论文．2012.

新加坡住房发展机构严格按照上述法律规定来筹集资金、获得土地、分配组屋，推动新加坡更有秩序地逐步接近“居者有其屋”的政策目标，真正造福于民众。

## 二、开展顶层设计，进行合理规划

住房问题是关系民生的首要问题，其难度大、周期长、涉及面广、牵扯主体复杂，需要循序渐进的在实践中不断对一系列政策加以完善。新加坡住房政策的合理规划主要体现在土地资源利用率、土地规划、住房分配等方面。

首先，在土地资源利用率方面，自新加坡独立以来，住房便成为新加坡公民的首要问题。新加坡是一个人口密度非常大的国家，土地资源十分稀缺，如何在有限的国土面积上满足大量的住房需求呢？提高土地资源利用率是解决这一问题最基础的途径。

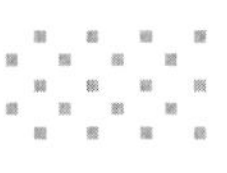


其次，在土地规划方面有严格的管理规范。具体包括：土地按功能分类管理、土地市场化管理、土地的综合规划三方面。在研究综合规划土地使用方面，新加坡在布局时考虑了“居住、生活、就业”等问题。每隔10年，新加坡政府就会制定土地发展规划，并对过去10年的土地发展规划进行总结反思，同时展望未来10年的土地发展趋势，将制定好的发展规划向民众公开，广泛接受民众意见，以便按照规划建设安排的生活分区、工业分区以及其他分区。

最后，在住房分配中，按照事先规定好的分配原则，对新加坡公民进行公平分配。低收入者、中等收入者分别享受不同的住房分配制度，其购买条件、首付款、还款条件、还款期限均有所不同。同样，政府针对不同的收入阶层，实施不同的政府补贴措施，低收入者多补贴，中等收入者少补贴，满足不同阶层的住房需求。

## 三、政府发挥主导作用

新加坡将国家的住房建设牢牢掌握在政府手中，以共建为主，鼓励私建，通过政府在房地产市场强有力的干预，保证新加坡居民，尤其是中低收入群体有房可住，逐步接近“居者有其屋”的社会政策目标。新加坡的住房以政府组屋为主、市场私人住房为辅，坚持政府干预、市场配合的房地产方针，保证公民享受住房优惠的同时，防止新加坡房地产市场出现膨胀，避免房地产市场过热带来的一系列经济和社会问题。一方面，土地是一个国家的根基所在，也是政府建造住房的命脉之所在。新加坡的土地分国有土地与私人土地两种，其中私人土地仅占全国土地的20%。1966年政府出台《土地征用法》，规定政府可征用私人土地用来建造政府组屋，并且可用低于市场的价格获得土地，这一法令的出台为政府建造组屋提供了足够的土地资源，满足最基本的房屋建造需求。[①] 另一方面，政府对新加坡公民进行补贴，低收入者可廉价租房，中等收入者可廉价购房，针对不同收入层级的住房需求者，政府规定不同的补贴标准，满足人们的住房需求。

### 四、制度间契合程度高

新加坡住房政策离不开土地制度、住房金融制度以及住房分配制度之间的高程度配合。首先，土地制度保证了土地的有效供应，为政府建设组屋提供了基本的土地条件。通过颁布《土地征用法令》，保证住房优先供应，并对土地的使用严格监管，确保组屋建设的土地需求。其次，中央公积金制度为公民租住或购买政府组屋提供了金融依据。新加坡居民可通过中央公积金账户提取资金用于住房消费，辅之政府为低收入者或中等收入者提供政府补贴，使住房政策成为真正的利民政策。最后，科学合理的分配机制保证了住房分配的合理性。新加坡居民必须按照政府规定的领取条件申请组屋，不得冒领和弄虚作假，否则任何人都有可能被控诉至法庭，接受法律的制裁。新加坡制度之间的高度契合，是新加坡住房政策顺利且高效实施的关键，为新加坡居民享有公平合理的高质量住房提供了保障。

## 第四节　新加坡住房保障制度介绍

新加坡是世界上住房保障制度最成功的国家，在介绍具体制度之前，首先介绍建屋发展局给出的政府公共住房房型，不同收入群体购买或租赁的房型不一（见表3—3）。组屋可通过两种模式进行销售，分别是按订单生产销售（Build-To-Order，简称BTO）和剩

---

① 郭伟伟. 聚焦新加坡组屋经验. [J]. 中国报道，2011（5）：34-36.

余组屋销售（Sale of Balance Flats，简称 SBF）。新加坡建屋发展局除了建造组屋之外，还提供类似于私人公寓的行政公管公寓（Executive Condominiums，简称 ECs），该公寓由私人开发商建造和销售，主要吸引高收入群体。一般的购房或租房流程如图 3—3 所示。

表 3—3　　新加坡公共住房房型

| 公寓类型（HDB 公寓） | 两室 | 三室 | 四室 | 五室 | 五室以上（三代以上家庭） | 行政公寓 |
|---|---|---|---|---|---|---|
| 占地面积（平方米） | 36 和 45 | 60～65 | 90 | 110 | 115 | 130 |
| 卧室数量 | 1 | 2 | 3 | 3 | 4 | 3 |
| 浴室数量 | 1 | 2 | 2 | 2 | 3 | 2 |

资料来源：新加坡建屋发展局网站 http://www.hdb.gov.sg/cs/Satellite? c = Page&cid = 1383797553005&pagename=InfoWEB%2FPage%2FArticleDetailPage&rendermode=preview.

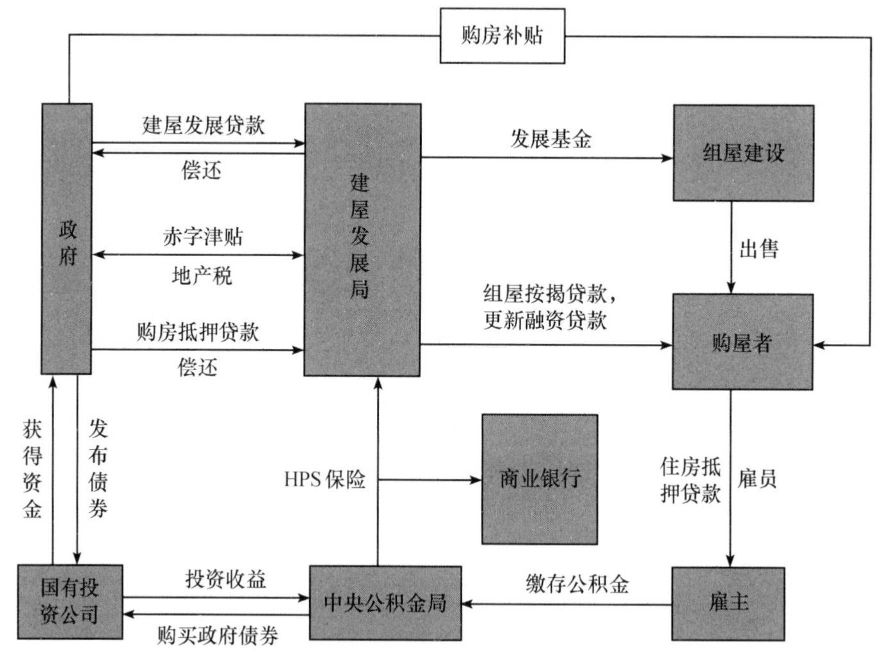


图 3—3　新加坡建屋发展局购房或租房流程图

注：HPS 为新加坡住房保护计划（Housing Protection Scheme）.

资料来源：钟玲玲．新加坡住房保障制度及其对我国的启示研究［D］．华东政法大学硕士论文，2015.

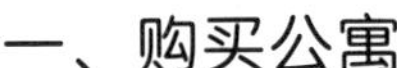

## 一、购买公寓

新加坡政府地域狭小，建屋发展局对人们购买房屋有严格的资格条件限制，一般房屋的租约或购买契约为99年。对于购房的准入和退出也有明确规定，尤其是第一次购房者和中低收入的弱势群体，通过实施优先计划及住房贷款计划保障居者有其屋。[①] 对于申请购买组屋的资格条件见表3—4。

**表3—4 新加坡申请购买组屋的资格条件**

<table>
<tr><th></th><th>资格条件</th><th>备注</th></tr>
<tr><td>家庭组成</td><td>符合下列计划之一：<br>①公共计划<br>②未婚夫或未婚妻计划<br>③孤儿计划</td><td rowspan="4">①公共计划：<br>a. 配偶和子女（如有）<br>b. 父母和兄弟姐妹（如有）<br>c. 申请人合法监护下的儿童（丧偶或离异的申请人）<br>②未婚夫或未婚妻计划要向HDB提交结婚证明<br>③孤儿计划：a. 申请人及兄弟姐妹（若有兄弟姐妹）是孤儿和单亲（未婚，离异或丧偶）<br>b. 所有单身的兄弟姐妹必须列在同一张申请表中<br>c. 至少有1名已故父母是新加坡公民或新加坡永久居民<br>请注意，根据孤儿计划，兄弟姐妹不能分别购买或租用公寓</td></tr>
<tr><td>公民身份</td><td>①至少一个新加坡申请人<br>②至少一个新加坡公民或永久居民</td></tr>
<tr><td>年龄</td><td>至少21岁</td></tr>
<tr><td>收入上限</td><td>在所购买的房型收入上限内（备注下）</td></tr>
<tr><td>所有财产</td><td>①没有在海外或当地拥有其他财产，并且在过去30个月内没有处置任何财产<br>②目前为止，最多只拥有一套房产或只收到过一次中央公积金局的房屋赠款</td><td>①四室：普通家庭平均月收入不超过12 000新元，多代大家庭不超过18 000新元<br>②三室：a. 非成熟屋6 000或12 000新元（取决于项目）<br>b. 成熟屋：12 000新元</td></tr>
</table>

注：家庭成员中只有一名新加坡公民和一名及以上新加坡永久居民的家庭在首次置业时需缴纳10 000新元保费。当申请人配偶获得新加坡公民身份或有新加坡公民子女时，可以申请额外的10 000新元公民住房补助金。

资料来源：新加坡建屋发展局网站 http://www.hdb.gov.sg/cs/infoweb/residential/buying-a-flat/new/hdb-flat.

---

① 新加坡建屋发展局网站 http://www.hdb.gov.sg/cs/infoweb/residential/buying-a-flat/new/hdb-flat.

（一）优先计划

在优先计划之下，公民可按照不同的资格标准，在申请不同种类的房型时享有优先权。该计划又分为亲子优先配屋计划（PPS）、多代优先配屋计划（MGPS）、已婚子女优先配屋计划（MCPS）、第三子优先方案（TCP）、二次申请援助计划（ASSIST）、租户优先配屋计划（TPS）、高级优先配屋计划（SPS）（见表3—5）。[①]

表3—5　　　　优先计划使用表

| 优先计划 | 可用申请的房型 | | |
|---|---|---|---|
| | HDB | DBSS | EC |
| 亲子优先配屋计划（PPS） | 是 | 否 | 否 |
| 多代优先配屋计划（MGPS） | 是 | 否 | 否 |
| 已婚子女优先配屋计划（MCPS） | 是 | 是 | 否 |
| 第三子优先方案（TCP） | 是 | 是 | 否 |
| 二次申请援助计划（ASSIST） | 是 | 否 | 否 |
| 租户优先配屋计划（TPS） | 是 | 否 | 否 |
| 高级优先配屋计划（SPS） | 是 | 否 | 否 |

资料来源：新加坡建屋发展局网站 http://www.hdb.gov.sg.

1. 亲子优先配屋计划（PPS）

亲子优先配屋计划有助于第一次申请购买组屋的已婚有子女夫妇。

（1）住房分配。按照规定，BTO组屋的30%房源以及SBF的50%房源是按照亲子优先配屋计划分配给申请者的。

（2）资格条件。申请夫妇必须是第一次提出申请，且提出申请时其第一个子女是新加坡国籍，或者拥有一个年龄小于16岁的新加

① 新加坡建屋发展局网站 http://www.hdb.gov.sg/cs/infoweb/residential/buying-a-flat/new/hdb-flat.

坡国籍子女（合法婚姻下的子女或者依法收养的子女）。

（3）申请。申请机制适用于每一个优先配屋计划，申请者如果同时申请 TCP 计划或 MGPS 计划，那么他们将先考虑 TCP 计划，当 TCP 计划申请失败之后，再根据 PPS 决定。例如，一对夫妇有 3 个子女符合 TCP 计划和 PPS 计划，这对夫妇的申请将先考虑 TCP 计划，如果申请失败，再根据 PPS 执行。

2. 多代优先配屋计划（MGPS）

多代优先配屋计划可以帮助已婚子女与父母购买同一楼盘的住房。父母与已婚子女家庭可以共同申请 BTO 项目的两室住房与三室住房。

（1）资格条件

家长必须与已婚子女提交一份联合申请，其中，家长只能申请一套两室或三室组屋，已婚子女的家庭可以申请两室或更大的住房。

（2）运行

①符合 MGPS 计划的父母与已婚子女通过抽签，有机会从预先确定的住房区域中选择同一楼层的住房或其他地方的 BTO 住房项目。

②MGPS 将给出 3 列号码。1 属于 MGPS 计划队、2 属于公共计划队。

③MGPS 计划中的队列号允许符合 MGPS 计划的父母与已婚子女共同选择房屋。

a. 公共计划中的 2 队列号会分配给每个家庭，申请者可以通过公共计划作为公共申请人选择任务。

b. 根据投票结果，有两种方案可供申请者自由选择：一是预订MGPS计划下的住房；二是通过公共计划申请住房。

3. 已婚子女优先配屋计划（MCPS）

已婚子女优先配屋方案可以帮助已婚子女与父母住得更近，更紧密地联系起来。在同一单位、同一楼盘或者邻近楼盘居住都有利于子女照顾年迈的父母，具体配额见表3—6。

（1）住房分配

①第一次申请家庭：最多占到BTO或SBF销售组屋数量的30%。

②第二次申请家庭：最多占到BTO销售组屋数量的15%，最多占到SBF销售组屋数量的3%。

表3—6　MCPS下的优先配额表　（%）

| 家庭状况 | BTO销售配额 | | | | SBF销售配额 |
|---|---|---|---|---|---|
| | 在建的房地产 | | | 已建成房地产 | |
| | 两室 | 三室 | 四室或五室 | 两室或更大 | |
| 第一次申请 | 5 | 30 | 30 | 30 | 30 |
| 第二次申请 | 15 | 15 | 10 | 3 | 3 |

资料来源：新加坡建屋发展局网站 http://www.hdb.gov.sg/cs/infoweb/residential/buying-a-flat/new/eligibility/priority-schemes.

（2）资格条件（邻近父母或已婚子女）

①申请者的父母、已婚子女、子女的配偶至少一个是新加坡公民或新加坡永久居民。

②申请者的父母或已婚子女及其配偶住在同一个镇，或所申请的组屋间距离在两公里以内。他们必须满足如下条件之一：申请者是业主或组屋的居住者或组屋的租户。

（3）资格条件（和父母同居/子女结婚）

①父母或已婚子女或子女的配偶至少有一个是新加坡公民或新加坡永久居民。

②申请者的父母或已婚子女及其配偶共同生活。

（4）运行

可用配额优先给第一次申请 MCPS 的合格者，剩余其他配额给其他 MCPS 申请人。从认定申请者占有 MCPS 合格住房之日起 5 年（即申请者的父母或已婚子女）之内，住房所有者必须继续在同一房子或距离新住房两公里以内生活。

4. 第三子优先方案（TCP）

第三子优先方案主要帮助有两个及两个以上子女的家庭，鼓励家庭养育更多的子女。申请者的申请先进行第一轮审查，如果审查不成功，申请者的申请将会与公共申请人一起进行第二轮投票。

（1）住房分配

该计划下住房分配占 BTO 或 SBF 组屋的比例高达 5%。

（2）资格条件

申请者必须满足以下几点要求才能申请 TCP 计划：

①申请者及其配偶至少一人是新加坡公民。

②申请者必须至少有 3 个子女（在合法婚姻内自然生育的后代或依法收养子女）。

③第三个子女必须是新加坡公民，且生于 1987 年 1 月 1 日或之后。

④其他子女必须为新加坡公民或永久居民。

⑤申请者以前没有在 TCP 计划下购买房屋。

5. 二次申请援助计划（ASSIST）

二次申请援助计划主要针对有16岁以下子女的离异或丧偶者。

（1）住房分配

该项目占房屋分配两室和在建房地产三室组屋的5%，此配额30%的名额预留给第二次申请者。

（2）资格条件

申请者必须满足以下几点才能申请ASSIST计划：

①申请者必须至少有1名16岁以下的子女（亲生或依法收养）。

②申请者在离异、分居或丧偶后不能拥有自己的公寓或私人住宅。

6. 租户优先配屋计划（TPS）

租户优先配屋计划有助于租住组屋的住户购买自己的房屋，TPS配额也为选择整块选择再发展计划（SERS）的租户提供更方便的搬迁或安置。

（1）住房分配

住房分配占两室以及三室BTO或SBF销售组屋数量的10%。

（2）资格条件

在该计划之下，申请者必须满足以下几点要求：

①申请者及其家人必须是第一次申请（二次申请人可从2016年5月的预售中申请）。

②申请者及其家人至少有两年租住在政府组屋中。

7. 高级优先配屋计划（SPS）

高级优先配屋计划主要针对那些渴望居住在其父母或已婚子女附近，以及渴望居住在原居住环境的人群，政府可以为这些居民提供两居室的选择权。

（1）住房分配

至少有40%的两居室预留给申请人。

（2）资格条件（靠近现有的住房）

申请者只能申请同一个城市或同一个楼盘的两居室，以及距离申请者目前拥有或占据的私有房产两公里内的两居室。

（3）资格条件（已婚申请人申请邻近父母或已婚子女的房屋）

申请者必须满足以下几点要求才能申请SPS计划：

①父母或已婚子女或子女的配偶至少有一个是新加坡公民或新加坡永久居民。

②申请者的父母或已婚子女都住在同一个镇或所申请的两居室距离现居住地两公里范围内。

③申请者与其父母或已婚子女共同生活。

（二）住房贷款

决定购买房屋时，申请人可借助住房贷款来获得资助，这项贷款最长的还款期限可达25年。申请住房贷款有严格的资格条件限制，具体如下：

第一，国籍。购买房屋的家庭中至少有一个人是新加坡公民。第二，家庭房产状况。未从房屋局获得2次及以上的住房贷款，或已从建屋发展局获得一笔房产，但已获得的此处房产不是私人房产，这类私人房产可能包括但不局限于以下几类：HUDC公寓（HUDC flat）、继承的房产、按遗嘱继承财产或无遗嘱继承财产的受益房产、私人财产（Private property）、通过提名人拥有/收购/处置的财产。第三，家庭收入上限。平均家庭月收入不超过12 000新元，大家庭不超过18 000新元，单身者不超过6 000新元的，可以购买五室的转售公寓或者两室的新公寓。第四，房屋剩余租约期限。剩余租约不足 20 年的将没有资格获得贷款。[①]

对于还款困难的家庭，建屋发展局还为他们提供财政援助。同时，中央公积金局还推出家庭保护计划（Home Protection Scheme），规定如果被保险人在 65 岁之前发生永久性残疾或死亡，CPF 委员会将根据 HPS 保险金额支付未偿还的住房贷款金额。其中，保险金额取决于申报的保险百分比、贷款金额、年龄和性别等因素。[②]正常情况下，需要申请贷款者每年使用本人的中央公积金储蓄或现金支付保费。

对于不能获得建屋发展局贷款的公民还可以从由新加坡金融管理局（MAS）监管的银行获得贷款，银行贷款的适用对象为平均月收入超过 12 000 新元的家庭或者超过 18 000 新元的大家庭，以及正在准备购买较高档的行政公管公寓（Executive Condominiums，简称 ECs）的人群。

当满足一定条件时，公民可以转售自己的组屋，这意味着购买组屋程序的完成或者进入新一轮的购买组屋计划。公民转售自己的组屋需要满足包括最低居住年限（Minimum Occupation Period，简称 MOP）、种族融合政策（Ethnic Integration Policy，简称 EIP）和新加坡永久居民配额（Singapore Permanent Resident Quota，简称 SPR）三项政策所规定的条件，以及破产、离异、死亡情况下的额外要求。

---

① 新加坡建屋发展局网站 http://www.hdb.gov.sg/cs/Satellite? c = Page&cid = 1383799092311&pagename=InfoWEB%2FPage%2FArticleDetailPage&rendermode=preview.

② 新加坡建屋发展局网站 http://www.hdb.gov.sg/cs/infoweb/residential/buying-a-flat/new/finance/costs-and-fees.

## 二、租用公寓

### （一）公共租赁计划（Public Rental Scheme）

#### 1. 资格条件

在新加坡，可以以单身青年或以家庭为单位从组屋租赁处租赁符合规定的公寓，但是，申请者在提出租赁组屋申请时，年龄至少要在 21 周岁以上，且家庭总收入不得超过每月 1 500 新元。针对不同的申请人群，新加坡政府出台了家庭计划以及联合单身计划（Joint Singles Scheme）。[①] 两种计划因为所面临的人群不同，申请的资格条件也有所不同，见表 3—7。

表 3—7　　组屋租赁计划资格条件对比表

| 计划名称 | 资格条件 |
|---|---|
| 家庭计划 | ①申请者必须是新加坡公民（Singapore Citizen，SC）.<br>②申请者家庭中至少有一位新加坡公民（SC）或新加坡永久居民（SPR）.<br>③申请者家庭成员构成必须是以下任意一类：<br>a. 申请者及其配偶；<br>b. 如果是单身，申请者及其父母；<br>c. 如果丧偶或离异，申请者及其法定监护权下的子女；<br>d. 未婚夫及其未婚妻；<br>e. 如果是孤儿，申请者及其兄弟姐妹（父母中至少有一方是 SC 或 SPR） |
| 联合单身计划 | ①申请者及其登记联合者必须是新加坡公民（SC）.<br>②申请者及其登记联合者必须都是单身青年.<br>③单身青年必须满足以下任何一个条件：<br>a. 未婚且至少 35 岁；<br>b. 离异或与配偶合法分居（持有法律文件）且至少 35 岁；<br>c. 丧偶或孤儿（父母中至少有一方是 SC 或 SPR） |

资料来源：新加坡建屋发展局网站 http://www.hdb.gov.sg/cs/infoweb/residential/renting-a-flat/renting-from-hdb/public-rental-scheme/eligibility.

① 新加坡建屋发展局网站 http://www.hdb.gov.sg/cs/infoweb/residential/renting-a-flat/renting-from-hdb/public-rental-scheme/eligibility.

另外，现有租户或者已经拥有组屋的新加坡公民不可以再次申请租赁组屋。申请者在申请日期前30个月内从HPB或DBSS计划下获得组屋及组屋带来的收益，都将不能拥有组屋财产所有权。拥有或在市场直接购买组屋（direct-purchased HDB flats）、拥有地产或在申请点已处置本地或海外的私人财产（房屋、建筑物或土地）、住房和城市发展公司（HUDC）公寓住宅或其他行政公寓，以及违反政府规定的任何规则，申请者将被取消其租赁资格。

2. 申请程序

申请者可以去能提供人工服务的地方，例如建屋发展局房屋租赁柜台、建屋发展局中心进行申请；也可以通过电子服务平台进行申请。根据申请者每月的家庭收入以及组屋类型签订租赁协议，并支付1个月的房租押金，见表3—8。

**表3—8　　支付租金表格　　单位：新元**

| 每月家庭收入 | 申请人类型 | 一室每月租金 | 两室每月租金 |
|---|---|---|---|
| ≤800 | 第一次租用 | 26～33 | 44～75 |
| | 第二次租用 | 90～123 | 125～165 |
| 801～1 500 | 第一次租用 | 90～123 | 125～165 |
| | 第二次租用 | 150～205 | 205～275 |

注：表中列出的定租金根据组屋的市场价格并有可能发生变化。

资料来源：新加坡建屋发展局网站 http://www.hdb.gov.sg/cs/infoweb/residential/renting-a-flat/renting-from-hdb/public-rental-scheme/rents-and-deposits .

3. 变更和取消

当申请者满足以上条件之后，便可以获得相应的公寓。在家庭计划之下，可申请一室组屋的家庭有：没有家庭收入来源的家庭（无论家庭成员有几位），或者包含两位家庭成员并且其收入在1 500新元以下，或者包含三位及以上家庭成员并且家庭收入在

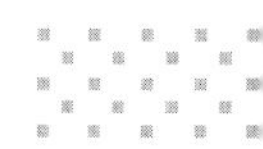

1 500 新元以下的家庭，其中包含三位及以上的家庭并且家庭收入在1 500 新元以下的家庭也可申请两室式组屋；联合单身计划之下，只能申请到一室式组屋（见表 3—9）。在租用组屋过程中所发生的付款和滞纳金、续租、租住者变更、转移到另一个租住单位、停止租约等情况时，均需要严格按照政府规定实施。[①]

**表 3—9　　租住组屋公寓的类别**

| 方案 | 住户人数和收入 | 一室 | 两室 |
|---|---|---|---|
| 家庭计划 | 没有家庭收入（不管家庭人数） | 适用 | — |
| | 包含两位家庭成员并且其收入在 1 500 新元之下 | 适用 | — |
| | 包含三位及以上的家庭并且家庭收入在 1 500 新元之下 | 适用 | 适用 |
| 联合单身计划 | — | 适用 | — |

资料来源：新加坡建屋发展局网站 http://www.hdb.gov.sg/cs/infoweb/residential/renting-a-flat/renting-from-hdb/public-rental-scheme/flat-type.

（二）父母临时房屋计划（PPHS）

父母临时房屋计划是改善婚姻状况和亲子关系的一部分，PPHS 的对象群体主要是正在等待新公寓建成而居住在临时房屋的家庭。多年来，该计划已扩展至多种家庭类型。

1. 资格条件

如果申请者已预订未完成的 BTO 或 SBF 公寓，并属于下列任一类人群，便可以参与父母临时房屋计划（PPHS）：

（1）申请人是未婚夫或未婚妻或者已婚夫妇（包含双方都是第一次申请或者其中有一方是第一次申请），如果申请者是已婚夫妇，

① 新加坡建屋发展局网站 http://www.hdb.gov.sg/cs/infoweb/residential/renting-a-flat/renting-from-hdb/public-rental-scheme/flat-type.

那么需要在3个月内提交结婚证。

（2）带着子女生活的离异或丧偶人士。

此外，还必须满足以下条件：

①申请者或者申请者家庭中至少有一人是新加坡公民或新加坡永久居民；

②申请者及PPHS享有者不得重复拥有现有组屋；

③申请者必须提交BTO或SBF组屋购买申请；

④申请者在同一个月内只能申请一次PPHS；

⑤如果申请者与另一个家庭共同分享PPHS，居住者的数量最多不得超过以下上限（三室的最多人数为6人，四室及以上的最多人数为9人）。[①]

2. 变更和取消

一旦提交父母临时房屋计划（PPHS）申请，便不可更改。如果申请者希望在选择房屋之前取消PPHS申请，可以通过电子邮件告知，但行政费将不会退还。

新加坡住房保障计划的汇总见表3—10。

**表3—10　　新加坡住房保障计划汇总表**

| 类别 | 计划名称 | 针对群体 |
|---|---|---|
| 购买公寓 | 亲子优先配屋计划（PPS） | 已婚有子夫妇第一次申请购买住房 |
| | 多代优先配屋计划（MGPS） | 已婚子女与父母购买同一楼盘的住房 |
| | 已婚子女优先配屋计划（MCPS） | 已婚子女购买的住房与父母的住房在同一单位、同一楼盘或者邻近楼盘 |
| | 第三子优先方案（TCP） | 有两个及以上子女的家庭购买住房 |
| | 二次申请援助计划（ASSIST） | 有16岁以下子女的离异或丧偶者购买住房 |

① 新加坡建屋发展局网站 http://www.hdb.gov.sg/cs/infoweb/residential/renting-a-flat/renting-from-hdb/parenthood-provisional-housing-scheme-pphs/eligibility.

续表

<table>
<tr><th>类别</th><th colspan="2">计划名称</th><th>针对群体</th></tr>
<tr><td rowspan="2">购买公寓</td><td colspan="2">租户优先配屋计划（TPS）</td><td>租住组屋的住户购买自己的住房</td></tr>
<tr><td colspan="2">高级优先配屋计划（SPS）</td><td>渴望居住在其父母或已婚子女附近，以及渴望居住在原居住环境的人群购买住房</td></tr>
<tr><td rowspan="3">租用公寓</td><td rowspan="2">公共租赁计划</td><td>家庭计划</td><td rowspan="2">申请者在提出组屋申请时，年龄至少要在21周岁以上，且家庭总收入不得超过每月1 500新元。针对不同的申请人群，新加坡政府出台了家庭计划以及联合单身计划。两种计划所面临的人群不同，申请的资格条件也有所不同</td></tr>
<tr><td>联合单身计划</td></tr>
<tr><td colspan="2">父母临时房屋计划（PPHS）</td><td>针对正在等待新公寓建成而居住在临时房屋的家庭</td></tr>
</table>

# 第四章
# 新加坡妇女儿童保障制度

## 第一节 概 述

妇女儿童保障制度是妇女保障和未成年人保障的合称，它是国家和社会为满足妇女、未成年人的特殊需要和维护其特殊利益而提供的照顾和福利服务的一项制度。妇女儿童保障项目是根据妇女、未成年人的心理、生理特点以及可能受到的歧视和侵害而设立的，对于保障和满足妇女、未成年人的特殊利益需要和促进整个社会的和谐发展均具有重要意义。本章主要介绍新加坡妇女儿童的各项保障制度以及相关福利项目。

### 一、新加坡妇女儿童保障制度的历史沿革

20 世纪六七十年代新加坡政府认为人口过多，开始实施家庭计划，宣传“两个孩子恰恰好”，作为避孕、绝育的主体——妇女，承担起了缩减人口的重任。80 年代政府开始注重人口质量，鼓励高学历母亲多生多育，1984 年甚至颁布政策规定，生育三个孩子的高学历母亲有为其子女选择最好学校的优先权。这项政策引发众怒，政府不得不取消，代之以规定生育三个子女的高学历女性可获得奖励，每一个孩子可获得每年 5%的额外收入，另外可享受父母个人

所得税减免，第一胎减免 5%，第二胎减免 10%，第三胎减免 15%。[①] 与此同时，政府采取措施使贫困和低学历夫妻不要生育太多子女，例如生育一到两个子女实行绝育者获得一万新元补助，生育三胎以上者分娩费用提高，目的是“通过对学历较低的女性施加更大的经济压力来迫使她们减少生育”。

1987 年新加坡政府重新调整人口控制政策，改为鼓励生育，允许妇女生育三至四个子女，为此新加坡改变了个税减免政策，改革了带薪产假制度。2001 年政府规定生育第三胎的女性也可以享有八周带薪产假，2004 年这一规定进一步放宽，女性雇员生育第四胎时也享有带薪产假，而且产假时间延长到 12 周。[②] 目前女性职工的生育产假已经延长到 16 周。2004 年 9 月 21 日，政府在《就业法案》的修正案中又规定每个在职家长可以拥有两日法定育儿事假，这项制度一直延续至今。

1984 年 4 月引入的保健储蓄计划最初只能用以支付前两个子女的分娩和住院费用，自 1987 年 3 月 1 日起也可以用于支付生育第三胎子女的分娩和住院费用。2004 年 8 月 1 日之后保健储蓄的可用费用扩展至第四胎。但只要在分娩时保健储蓄账户中夫妻两人共有不低于 15 000 新元的储蓄也可以用于第五个子女的分娩和住院费用。

新加坡对婴幼儿的津贴也在不断增多。2001 年 4 月 1 日起实施“婴儿花红计划”，适用于该日或该日起生育的第二胎或第三胎子女。2004 年 8 月 1 日起政府又增加了对婴幼儿的补贴，规定自该日或之后出生的第一胎和第四胎也纳入到该计划之中。2000 年政府还

① 苏瑞福. 新加坡人口研究 [M]. 薛学了，王艳译. 厦门：厦门大学出版社，2009：215-234.

② 范若兰. 新加坡妇女权利与国家父权制关系试析 [J]. 东南亚研究，2016 (1)：7-8.

颁布了一项针对在职母亲的托儿补助，即把 2～18 个月的婴儿送到托儿中心，政府给予经济补助。2002 年 1 月，政府放宽申请条件，给无业母亲每个月 75 新元的托儿经济补助。2004 年 8 月 1 日之后将婴儿补助金从 150 新元提高到 400 新元。

总之，这个 1965 年从英联邦独立出来的国家发展历史不长，在妇女儿童保障方面从 1984 年发展至今经历了建立、发展、成熟、改革的几个历史阶段。通过新加坡近年来的发展我们可以看到，政府对于妇女儿童的保障制度日趋完善，保障范围日益扩大，保障项目日趋细化。

## 二、新加坡妇女儿童保障制度的管理体制

新加坡社会保障制度的管理体制由劳工部制定政策并进行监督，劳工部不参与具体事务，由相对独立的中央公积金管理局制定具体政策并承担日常事务。①

新加坡设立社会及家庭发展部（Ministry of Social and Family Development，简称 MSF）、社会发展、青年及体育部、早期儿童发展局（ECDA）等部门负责制定对妇女儿童的保护与福利政策，并由其下设单位负责某些政策的监管和执行。社会及家庭发展部作为青少年保护的专门机构，负责发现、调查、调节关于侵害儿童权益的相关事宜。除了生育保险的分娩费用及生育补贴走中央公积金下的保健储蓄计划途径之外，其他各项福利措施主要依靠这几个部门下设的各处进行管理实施。同时为了方便对妇女儿童的照顾，新加坡还设立了婴儿及儿童护理中心、托儿中心、家庭服务中心等基层

① 郭伟伟. 新加坡社会保障管理体制及对中国改革的启示［J］. 行政管理改革，2010（7）：68-71.

单位负责对妇女儿童的日常照顾，由政府财政拨款资助。同时设立家庭法院，为在家庭中遭受虐待的妇女和儿童进行司法保护。

需要说明的是，新加坡的生育保险并没有单独列出，而是与疾病和工伤（残疾）保险合并管理。在本章中介绍生育子女的待遇时仍称为生育保险。

## 第二节　新加坡妇女儿童保障制度

妇女儿童的保障从来都是紧密联系在一起的，大部分的保障计划都可以同时惠及母亲和子女，有时还会惠及父亲。例如新加坡政府规定的男性职工陪产假，是为了让男性职工在妻子生产期间得到更好的照顾以及尽自己做父亲的职责。以下内容主要介绍新加坡妇女儿童共同享受的保障待遇。

### 一、育儿假期

（一）政府付费的带薪育儿假期计划（Government-Paid Child-care Leave Scheme）

有工作的雇员或者是自雇者[①]，只要有一个低于 12 岁的新加坡籍的子女就可以享受政府付费的带薪育儿假期或者额外的带薪育儿假期。带薪育儿假期的享受资格为：

1. 孩子必须是新加坡公民；

2. 最小的孩子在 7 岁以下，结婚所生或者收养的均可；

3. 雇员必须在目前的公司连续工作至少 180 天。

自雇者同样享受这项计划，但除了满足上述条件外，还需在特

① 自雇者：self-employed 自雇者，或称自雇人士，其工作的雇主就是自己。此类劳务提供者承担商业风险，不受劳动法律所保障，不能享受雇员福利、有薪公众假期、工伤赔偿、退休金等，有些则加入职业工会。自雇者要申报营业牌照，为其收入申报利得税、营业税。

定的商业、贸易或其他职业中连续工作至少180天的时间。[①]

该计划的享受待遇为：只要家中有符合条件的7岁以下的子女就可以享受每年6天的带薪育儿假期，工资照常支付，前3天的工资由雇主支付，后三天的工资由政府支付。由雇主付费的部分，政府会在一个年度内返还给雇主。此外政府还规定了一项额外的育儿假期，即如果你最小的子女在7～12岁，你和你的配偶在这期间每年可享受2天的带薪假期。这两天的工资全部由政府支付（最高限额为500新元）。育儿假期的享受天数与职工生育子女之前为雇主服务的时间长短有关（见表4—1）。[②]

**表4—1　　假期天数与工作时长关系表**

| 生育之前为雇主服务月数 | 育儿假天数 |
| --- | --- |
| 3～5个月 | 2 |
| 5～7个月 | 3 |
| 7～9个月 | 4 |
| 9～11个月 | 5 |
| 11个月以上 | 6 |

资料来源：新加坡E-Citizen网站 http://www.ecitizen.gov.sg/Topics/Pages/Child-care-leave-How-to-apply.aspx.

需要注意的是，如果不满足这两项计划的条件将无法申请政府付费的带薪育儿假期。如果这两项计划的条件都不符合，根据《就业法案》的规定，仅有权享受每年两天的育儿假，但这只适用于7岁以下的儿童父母。在享受这两项计划的同时，有几项条款需要注意：一是育儿假期不可以在父母之间转让；二是本年度未使用的育儿假期不可以结转到下一年；三是如果要离开目前的工作岗位，申

①② 新加坡E-Citizen网站 http://www.ecitizen.gov.sg/Topics/Pages/Child-care-leave-How-to-apply.aspx.

请者还未使用的本年度的育儿假期将被剥夺；四是育儿假每年都可以休，如果在符合享受条件期间没有和雇主签订何时休假的协议，就默认为每年的日历年（Calender year）；五是如果有2个子女，一个在7岁以下而另一个在7～12岁，带薪育儿假期的最长时间为6天，按照最小的孩子标准休假；六是不能用育儿假期抵消离职时间。[①]

（二）无薪育儿假期（Unpaid Infant Care Leave）

如果所生育子女是新加坡公民且其父母有工作，就有资格享受6天的无薪育儿假期。该计划的享受条件为：

1. 子女是两岁以下的新加坡公民；

2. 合法收养的孩子或继子女均可；

3. 雇员必须在目前的公司连续工作至少180天。

自雇者同样享受这项计划，但除了满足上述条件外，还需在特定的商业、贸易或其他职业中连续工作至少180天的时间。[②]

该计划的享受待遇为：不管家庭有几个子女，只要满足条件的父母都可以享受6天的无薪育儿假。结合带薪育儿假可以发现，如果子女是新加坡公民且小于两岁，则可以享受6天的带薪育儿假期和6天的无薪育儿假期。[③]

（三）政府付费的收养假期（Government-Paid Adoption Leave，简称GPAL）

自2013年5月1日起，收养孩子的母亲（包括个体经营者）有权享受4个星期的由政府支付的领养假以照顾12个月及以下领养子

① 新加坡社会及家庭发展部网站 http://www.msf.gov.sg/.

②③ 新加坡人力资源部网站 http://www.mom.gov.sg/employment-practices/leave/unpaid-infant-care-leave.

女。如果符合条件，最高可以获得由政府支付 10 000 新元的 4 周带薪假期。这 4 周带薪假期可以连续休也可以和雇主达成一致灵活休假。假期可以从正式收养孩子的日期开始。该计划的享受资格为，必须是孩子的养母，与丈夫是合法夫妻关系并符合收养规定，养母或其配偶至少有一个人是新加坡公民，收养的孩子必须是 12 个月以下。在申请该假期之前已经连续工作 180 天才有资格获得由政府付费的这 4 周带薪假期。自 2017 年 7 月 1 日起，对于领养 12 个月以下儿童的收养母亲，领养假将延长至 12 周。[①]

## 二、其他相关福利计划

### （一）婴儿花红计划（Baby Bonus Scheme）

该计划的目的是鼓励妇女多生育，同时帮助家庭支付抚养子女的成本。它由社会发展、青年及体育部的家政服务部门负责实施，由儿童发展储蓄账户（Child Development Account）提供资金支持。这一计划自 2001 年 4 月 1 日起已实施。

婴儿花红计划包括两个部分，婴儿现金计划（Baby Bonus Cash Gift）以及由政府和父母共同建立的儿童发展储蓄账户（Child Development Account，简称 CDA）。为了鼓励父母生育，2015 年 1 月 1 日起政府又提高了婴儿现金给付额度，额外增加了一项每个子女 2 000 新元的现金给付，分别在婴儿 15 个月和 18 个月大的时候发放。目前这一计划已经覆盖到第五个子女。具体数额和发放时间见表 4—2 和表 4—3。

① 新加坡 E-Citizen 网站 http://www.ecitizen.gov.sg/Topics/Pages/Adoption-leave-How-to-apply.aspx.

表 4—2　　现金奖励计划表　　单位：新元

| 出生胎次 | 现金奖励（Baby Bonus Cash Gift） | 附加现金奖励（Baby Bonus plus） | 总计 |
|---|---|---|---|
| 第一胎和第二胎 | 6 000 | 2 000 | 8 000 |
| 第三胎和第四胎 | 8 000 | 2 000 | 10 000 |
| 第五胎及以上 | 8 000 | 2 000 | 10 000 |

资料来源：新加坡婴儿网站 http://heybaby.sg/havingchildren/baby_bonus.html.

表 4—3　　现金奖励发放时间表　　单位：新元

| 时间 | 出生胎次 | |
|---|---|---|
| | 第一胎和第二胎 | 第三胎及以后胎次 |
| 参加计划 7～10 天 | 3 000 | 4 000 |
| 子女 12 个月大 | 1 500 | 2 000 |
| 子女 15 个月大 | 1 500 | 1 000 |
| 子女 18 个月大 | 1 000 | 1 000 |
| 总计 | 8 000 | 10 000 |

资料来源：新加坡婴儿网站 http：//heybaby.sg/havingchildren/baby_bonus.html.

随着年龄增长，政府和父母会为子女建立儿童发展储蓄账户。账户中每个子女都可以获得由政府赠予的 3 000 新元，父母和政府在儿童发展储蓄账户中的储蓄限额根据子女出生胎次的不同来进行调整（见表 4—4）。

表 4—4　　儿童发展账户储蓄限额表　　单位：新元

| 出生胎次 | 儿童发展账户开户（CDA First Step） | 父母存款上限（Parents' savings） | 政府支付存款上限（Government Co-savings） | 政府总计支付上限（Total Government Contribution） |
|---|---|---|---|---|
| 第一胎和第二胎 | 3 000 | 3 000 | 3 000 | 6 000 |
| 第三胎和第四胎 | 3 000 | 9 000 | 9 000 | 12 000 |
| 第五胎及以上 | 3 000 | 15 000 | 15 000 | 18 000 |

资料来源：新加坡婴儿网站 http：//heybaby. sg/havingchildren/baby _ bonus. html.

新加坡还有一项针对小型年轻低收入家庭的救助计划——“居

者有其屋计划”（Home Ownership Plus Education，简称 HOPE 计划）其中对子女的教育经费也存入儿童发展储蓄账户中，每年可支付的最高限额为 3 000 新元。

（二）父母退税费（Parenthood Tax Rebate，简称 PTR）

在新加坡，生育子女可以享受父母退税，第一个子女可享受 5 000 新元，第二个子女可享受 10 000 新元，第三个及之后的子女可享受 20 000 新元。夫妻双方可共同使用这一优惠来抵销应交所得税，直到用完为止。考虑到父母照顾孩子的辛苦，父母可以通过合格儿童抚恤金（QCR）申请每个子女 4 000 新元的税款减免。残疾儿童的父母可以通过残疾儿童抚恤金（HCR）申请 7 500 新元的税款减免。每名儿童通过 QCR、HCR 和 WMCR 可以申领的税款减免的总金额为 50 000 新元，个人所得税减免的最高限额为 80 000 新元。对于有工作的母亲则可以申请工作母亲的儿童税收减免（Working Mother's Child Relief，简称 WMCR），第一胎可减免收入的 15％，第二胎可减免收入的 20％，第三胎及之后的胎次可减免收入的 25％，但最大限额不可超过收入的 100％。此外，如果家庭中母亲是有工作的雇员或自雇者，且家中 12 岁以下的新加坡子女由父母、岳父母或祖父母来照顾，则可以申请 3 000 新元的父母照顾者救济（Grandparent Caregiver Relief，简称 GCR）。①

## 第三节 新加坡妇女保障制度

虽然妇女儿童保障在享受资格和享受待遇方面密不可分，但是仍然有专门针对女性的一些保障制度，本节主要介绍新加坡保障制

① 新加坡婴儿网站 http://heybaby.sg/havingchildren/Tax_parents.html.

度中专门针对妇女的保障制度。

## 一、生育保险

### （一）产假

#### 1. 女性产假

为了保护生育妇女的身体健康，并使初生婴儿得到精心的照顾和哺育，新加坡规定了明确的产假，包括女职工的带薪产假以及男职工的陪产假。新加坡劳工部负责督促雇主执行有关规定，中央公积金局管理保健储蓄计划、保健基金计划及疾病与生育业务，卫生部则通过政府医院向受保人提供医疗服务。女性雇员享受带薪产假的资格为：

（1）所生育的子女必须是新加坡公民；

（2）妇女怀孕或子女出生时，双方必须是合法夫妻关系；

（3）子女出生之前，妇女已在雇主的公司至少工作了 180 天。

自雇已婚女性同样享受政府带薪产假。除满足上述三个条件外，还必须满足以下两个条件：一是在子女出生前必须就业于一个特定的商业、贸易或其他职业至少 180 天；二是在休产假期间因没有继续从事工作而受到经济损失。①

享受产假时间一般为 16 周，雇主在职工休产假期间照常支付工资。第一胎和第二胎的产假工资，前 8 周由雇主支付，剩余 8 周的工资由政府支付（支付上限为每 4 周 10 000 新元）。至于第三胎及以上的，政府将支付该带薪产假的全部工资（支付上限为每 4 周 10 000 新元）。产假可以在子女出生后一年内连续休，也可以分开

① 新加坡 E-Citizen 网站 http://www.ecitizen.gov.sg/Topics/Pages/Maternity-leave-How-to-apply.aspx.

休，但要与雇主签订一份休假协议。根据政府推行的程序，女性雇员必须在产假前至少一个星期内向她的雇主提交一份申明表。在签订协议前，她应该与雇主就假期的方式达成一致。如果没有特殊说明，产假从分娩的前 4 周开始连续休 16 周或 12 周（特殊情况下，有些雇员只能享受 12 周产假）。如果与雇主达成一致灵活休假，那么可以在分娩前 4 周的任意一天开始休假，但前 8 周必须是一个连续的时间段，剩余的 8 周（或 4 周）可以在子女一岁之前灵活休假。①

新加坡政府还规定了一些特殊情况下的产假，具体见表 4—5。

**表 4—5　　特殊情况下的产假规定**

| 特殊情况 | 具体规定 |
| --- | --- |
| 子女不是新加坡公民 | 母亲是新加坡的女性职工，其受《就业法案》的保护，且满足享受带薪产假的其他几个条件的情况下，有资格享受 12 周的带薪产假 |
| 分娩时不符合政府付费的产假（GPLM）计划 | ①如果男女双方尚未结婚或者子女在出生时还不是新加坡公民身份，只要在子女一岁之前满足各项标准也可以享受带薪产假；<br>②满足所有条件之日起可以保留休假权利但仅保留至子女一岁之前，一旦超过期限将再无资格申请 |
| 外国人或暂时居住在新加坡的职工 | 不论哪个国家的公民，只要受《就业法案》的保护并满足至少在产前连续工作 180 天的标准，就有权获得 12 周的带薪产假。如果子女是新加坡公民且妇女自身也满足条件或许可以申请 16 周的政府支付工资的带薪产假 |
| 单亲或未婚妈妈 | 只要受《就业法案》的保护并满足其他几项带薪产假的条件就有权获得 12 周的带薪产假 |
| 合同工、临时工或小时工 | 符合标准也可以申请产假，但工资按照合同的毛利率来支付 |

① 新加坡 E-Citizen 网站 http://www.ecitizen.gov.sg/Topics/Pages/Maternity-leave-How-to-apply.aspx.

续表

| 特殊情况 | 具体规定 |
| --- | --- |
| 劳动者在试用期期间分娩 | 分娩前为雇主连续工作至少 180 天且符合其他带薪产假的条件也有权申请带薪产假 |
| 双胞胎 | 双胞胎或者三胞胎，应视为一次性分娩，不可以享受双倍的带薪产假 |
| 早产 | 子女是早产儿并符合上述标准，从孩子出生日期开始休 16 周的带薪产假 |
| 死胎 | 子女在腹中为死胎或者生下后不久去世，也可以享受正常的带薪产假，这种情况不会影响下一次申请带薪产假的资格 |
| 收养或流产 | 收养的父母可以休 4 周带薪产假，流产的女雇员可以申请休病假 |
| 产假期间生病 | 产假期间生病，将无权享受带薪病假 |

资料来源：新加坡人力资源部网站 http://www.mom.gov.sg/employment-practices/leave/maternity-leave/leave-in-special-situations.

2. 陪产假

新加坡政府近年来开始意识到生育不仅仅是女性的事，父亲也要承担一份养育婴儿的责任，并享受一份做父亲的快乐。2013 年 5 月 1 日及以后出生孩子的家庭，男性雇员或自雇者可以享有由政府支付工资一周带薪陪产假（Government-Paid Paternity Leave，简称 GPPL），该工资的支付上限是 2 500 新元。[①]

如果子女是 2015 年 1 月 1 日之后出生的，还可以获得雇主自愿提供的额外一周的带薪陪产假。带薪陪产假的享受资格为：

（1）子女必须是新加坡公民；

（2）妇女怀孕或子女出生时，双方必须是合法夫妻；

（3）子女出生之前，父亲已经在雇主的公司至少工作了 180 天。

已婚的自雇男性同样有权享受政府的带薪陪产假，除了满足上述三个条件外，还必须满足另外两个条件：首先，在子女出生前必

① 新加坡 E-Citizen 网站 http://www.ecitizen.gov.sg/Topics/Pages/Paternity-Leave-How-to-apply.aspx.

须就业于特定的商业、贸易或其他职业至少 180 天；其次，在休陪产假期间因没有继续工作而受到经济损失。新加坡政府计划在 2017 年将额外一周的陪产假定为强制性的，不再由雇主决定是否为雇员提供。[①]

3. 分享产假（The Shared Parental Leave，简称 SPL）

为了使初生婴儿以及产妇得到更好的照顾，也为了让父亲充分尽到责任，新加坡政府还制定了一项针对父母双方的分享产假，即如果男性雇员（或自雇者）的妻子符合带薪产假计划（GPML），那么他就可以享受一周的带薪产假，产假期间工资由政府支付，上限为 2 500 新元，如果经过妻子的同意也可以分享妻子的 4 周产假。值得注意的是，该产假是分享母亲的产假，即男性雇员若想休该产假，女性的 16 周产假相应地会减少为 15 周或者 12 周。[②]

（二）生育医疗服务

生育医疗服务包括妇女怀孕后提供定期的保健、体检服务，分娩时的手术、住院、检查服务，以及与生育相关的其他医疗服务。在新加坡，女性雇员在分娩时，可以用保健储蓄来支付分娩的费用。一般来说，它可以用来支付产妇四个子女的生产和产前住院费用。只要父母两人的保健储蓄户头结存共有至少 1.5 万新元，保健储蓄账户金额也可以用来支付他们第五个子女的生产和产前住院费用。这是为了确保有足够的医疗储蓄以支付未来（尤其是退休后）的住院需求。保健储蓄账户可动用的金额是根据“保健储蓄分娩配

① 新加坡 E-Citizen 网站 http://www.ecitizen.gov.sg/Topics/Pages/Paternity-Leave-How-to-apply.aspx.

② 新加坡 E-Citizen 网站 http://www.ecitizen.gov.sg/Topics/Pages/Shared-Parental-Leave-How-to-apply.aspx.

套”而定的。此配套可用来支付产前住院费用、生产费用和每日住院费用，配套中的各项目都有不同的限额，视分娩程序和住院天数而定。或者，也可以选择只支付生产费用和住院费而不包括产前费用。[①]

自 2016 年 3 月 24 日起，保健储蓄账户中分娩时的住院费用为每天 450 新元。产前费用的可动用金额提高了一倍，从原来的 450 新元提高到 900 新元。不论私立医院还是公立医院，在可动用金额之外还可以用该账户支付产前咨询、超声波扫描、检查和药物治疗的费用。分娩时的手术费用则根据手术的类型决定，可动用金额在 750～2 150 新元。保健储蓄账户可动用金额通常以实际账单或可提取限额中较低的一个来决定，举例见表 4—6。

**表 4—6　　分娩费用计算表　　单位：天，新元**

| 分娩方式 | 住院天数 | 保健储蓄最高提款限额（包括产前和产后费用） |
| --- | --- | --- |
| 顺产 | 3 | 450×3＋750＋900<br>总计：3 000 |
| 剖腹产 | 4 | 450×4＋2 150＋900<br>总计：4 850 |

资料来源：新加坡卫生部网站 https://www.moh.gov.sg/content/moh_web/home/costs_and_financing/schemes_subsidies/Marriage_and_Parenthood_Schemes.html.

## 二、妇女保护与福利

在妇女保护方面，新加坡政府设立家庭服务中心（Family Service Center）以为受虐妇女提供庇护场所，还设立咨询中心以便咨询。新加坡有五部法律为妇女提供保障，分别为《妇女宪章》（Women's Charter）、《刑法》（Penal code）、《儿童和青年法》

① 新加坡卫生部网站 https://www.moh.gov.sg/content/moh_web/home/costs_and_financing/schemes_subsidies/Marriage_and_Parenthood_Schemes.html.

(Children and Young Persons Act)、《抚养父母法》(Maintenance of Parents Act)、《精神能力法》(Mental Capacity Act)。

《妇女宪章》作为一项专门为女性而设的法律，为受虐妇女提供保护。新加坡还成立家庭法院，以便更好地处理家庭矛盾，解决相关问题，并在某种情况下发出“家庭特别保护令”，禁止虐待妻子的丈夫进入家门。受害者可以从家庭法院（Family Court.）申请人身保护令（Personal Protection Order，简称 PPO)，以阻止虐待者对受害者进行虐待。如果法院认为申请者的受虐情况紧急，可以给予加急令（Expedited Order，简称 EO）以便迅速处理，这项命令在保护令申请成功的前 28 天有效。嫌疑人一经定罪，若其属于初次犯罪，将给予 2 000 新元以下的罚款或 6 个月以下的监禁，或者同时给予以上两种处罚；若其是两次或多次犯罪，将则给予 5 000 新元以下的罚款或 12 个月以下的监禁，或者两者同时实施。[①] 对怀孕女职工的保护中规定，如果在没有充分理由的情况下怀孕雇员被解雇或在怀孕的任何阶段被解雇，雇主都必须向怀孕雇员支付产假福利。但是女职工必须是在怀孕前已经在工作岗位连续工作 180 天且有医院出示的怀孕证明才可以受到保护。在分娩的前 4 周雇主不能要求女雇员继续工作。

在福利设施和福利服务方面，有为妇女提供服务的妇幼保健院、妇产医院，例如新加坡的竹脚妇女儿童医院就是专门为妇女儿童提供健康保健及护理服务。

---

① 新加坡反家暴网站 http://www.stopfamilyviolence.sg/SitePages/Legal%20Protection.aspx.

# 第四节 新加坡儿童保障制度

国际社会对于未成年人的保障非常重视，新加坡政府高度重视儿童的发展和保护。从子女出生起一直到成年，这期间的养育成本，教育、医疗费用等新加坡政府都做出了非常详细的规定，保障各阶层的儿童都能够健康的发展。在救助方面，有针对低收入家庭儿童的计划，也有针对残疾儿童的救助计划。在福利方面，有涉及教育医疗以及未成年人的保护措施。本部分重点介绍新加坡儿童的救助计划，残疾儿童的救助计划以及与儿童有关的福利计划。

## 一、儿童救助

### （一）婴幼儿救助

1. 儿童/婴儿护理补贴（child/infant care subsidies）

新加坡所有的父母和子女只要在早期儿童发展局（ECDA）登记过，都有权享受基本补贴。此外，家庭月收入在 7 500 新元及以下的家庭还有资格获得额外的补贴，收入越低的家庭获得的额外补贴越多。家人较多的大家庭可以选择将他们的额外补贴计算在人均收入的基础上。

享受额外补贴的资格为：

（1）母亲必须每月工作不少于 56 小时；

（2）子女具有新加坡公民身份；

（3）已在儿童/婴儿护理中心（Child/Infant Care Center）登记；

（4）家庭月毛收入不超过 7 500 新元；

（5）申请婴儿护理补贴的子女年龄在 2 个月至 18 个月，申请儿童护理补贴的子女年龄在18个月至7岁。[①]

新加坡政府对申请补贴的程序做出了明确的规定。基本补贴和额外补贴的申请都应该通过子女所在的护理中心，该中心提供必要的申请表格。如果是首次给自己的子女在该中心登记，则需要填写ECDA的表格申报，并且要申报本人和配偶的详细情况。如果子女已经在护理中心登记过，只需要填写1A[②]表格来确定额外补贴资格。申请这项资助时需要父母双方的身份证和子女的出生证明。如果申请的是基于人均收入的额外补贴，则还需要填写ECDA的1B表格，并提供住在一起的所有家人的详细资料（身份证或护照或出生证）。基本补贴和额外补贴根据收入高低以及工作情况划分不同的档次。对于没有工作的母亲，其婴儿或者儿童的基本护理补贴均为150新元。通过查阅新加坡政府网站的资料整理出针对女职工在不同情况下基本补贴和额外补贴的享受金额，见表4—7、表4—8。[③]

**表4—7　　全日制幼儿护理计划（18个月至7岁以下儿童）**

| 家庭总收入（HHI）（新元） | 人均收入（PCI）（新元） | 基本补贴（新元） | 家长最低付款额（新元） | 额外补贴上限（新元） | 扣除基本补贴所得到的最大补贴占总费用的百分比（%） |
|---|---|---|---|---|---|
| 2 500以下 | 625以下 | 300 | 3 | 440 | 99 |
| 2 501～3 000 | 626～750 | 300 | 6 | 400 | 98 |
| 3 001～3 500 | 751～875 | 300 | 32 | 370 | 90 |
| 3 501～4 000 | 876～1 000 | 300 | 63 | 310 | 80 |
| 4 001～4 500 | 1 001～1 125 | 300 | 95 | 220 | 70 |

①③　新加坡E-Citizen网站 http://www.ecitizen.gov.sg/Topics/Pages/Subsidies-for-infant-child-and-student-care.aspx? Tab=Overview.

②　1A和下文1B都是指新加坡儿童婴儿护理计划的表格名称。1A：Half Day Child Care Programme 1B：Flexi-Care1（12～24hars）Child Care Programme.

续表

| 家庭总收入（HHI）（新元） | 人均收入（PCI）（新元） | 基本补贴（新元） | 家长最低付款额（新元） | 额外补贴上限（新元） | 扣除基本补贴所得到的最大补贴占总费用的百分比（%） |
|---|---|---|---|---|---|
| 4 501～7 500 | 1 126～1 875 | 300 | 215 | 100 | 50 |
| 7 500 以上 | 1 875 以上 | 300 | — | 0 | — |

资料来源：新加坡 E-Citizen 网站 http://www.ecitizen.gov.sg/Topics/Pages/Subsidies-for-infant-child-and-student-care.aspx? Tab=Overview.

**表 4—8　　全日制婴儿护理计划（2 个至 18 个月）　　单位：新元**

| 家庭总收入（HHI）（新元） | 人均收入（PCI）（新元） | 基本补贴（新元） | 家长最低付款额（新元） | 额外补贴上限（新元） | 扣除基本补贴所得到的最大补贴占总费用的百分比（%） |
|---|---|---|---|---|---|
| 2 500 以下 | 625 以下 | 600 | 60 | 540 | 99 |
| 2 501～3 000 | 626～750 | 600 | 100 | 500 | 98 |
| 3 001～3 500 | 751～875 | 600 | 130 | 470 | 90 |
| 3 501～4 000 | 876～1 000 | 600 | 190 | 410 | 80 |
| 4 001～4 500 | 1 001～1 125 | 600 | 280 | 320 | 70 |
| 4 501～7 500 | 1 126～1 875 | 600 | 400 | 200 | 50 |
| 7 500 以上 | 1 875 以上 | 600 | 0 | 0 | — |

资料来源：新加坡社会及家庭发展部网站 https://app.msf.gov.sg/Assistance/Child-Care-Infant-Care-Subsidy.

通过举例来看基本补贴和额外补贴的享受额度。由于计算方法是一致的，在此只列举两个全天护理的案例。

**例 1：**假如一对夫妻的月收入是 7 400 新元，他们儿子的全天护理费用是 856 新元（包括消费税），那么该家庭可以获得的额外补贴如下：

家庭月收入：4 501～7 500 新元

儿童全天护理费：856 新元

基本补贴：300 新元

扣除基本补贴后的费用：556新元（因556－215＝341＞100，因此额外补贴应补至上限100新）

扣除额外补贴后的费用：556－100＝456新元（扣除家长应该交的最低共同付款的215新元之后的费用）

也就是说该家庭可以获得300新元的基本补贴以及100新元的额外补贴，家庭自己需要负担的费用就减为856－400＝456新元。

**例2**：假如一对夫妻的月收入为4 935新元，他们孩子的全天护理费用是588.5新元，那么该家庭可以获得的额外补贴如下：

家庭月收入：4 501～7 500新元

儿童全天护理费用：588.5新元

基本补贴：300新元

扣除基本补贴之后的费用：288.5新元

额外补贴：288.5－215＝73.5新元（扣除家长应该交的最低付款额215新元之后的费用）

也就是说该家庭可以获得300新元的基本补贴以及73.5新元的额外补贴。家庭自己需要负担的费用就减为588.5－373.5＝215新元。

这里牵扯额外补贴上限的问题，即扣除家长需付的最低付款额之后若大于额外补贴的上限额度，额外补贴只能选择上限额（如例1）；若结果小于上限额，则取该结果为额外补贴额（如例2）；若结果为负，则不能获得额外补贴。除了全天护理计划，新加坡政府还规定了半天护理、12～24小时、24～36小时、36～48小时的灵活护理补贴标准。计算标准不一，计算方法一致。

2. 幼儿园补贴（Comcare Kindergarten Subsidies）

幼儿园补贴也称幼儿园资助计划（KiFAS），该计划由儿童早期发展局管理。幼儿园为4～6岁的儿童提供为期3年的结构性学前教育。这项为期3年的教育计划包括幼儿班、幼儿园1年级和幼儿园2年级，每天的上学时间为3～4小时。幼儿园每周开放5天，并且每天提供至少2班课。2004年，新加坡政府出台幼儿园经济援助计划，为那些贫困家庭支付子女上幼儿园的第一笔开销，确保孩子不会因为家贫而失学的同时，减轻家长的负担并确保贫困家庭的家长有工作。自2015年1月起，KiFAS的享受资格为月毛总收入低于6 000新元的家庭，只要家庭中有子女就读于由固定运营商（AOP）或教育部（MOE）运营的幼儿园就有资格申请该项资助。①

申请条件为如果申请人是受薪雇员，每月家庭收入将按照过去一年的每月平均薪水（包括花红和津贴）进行计算。在收到申请后，收入将经由中央公积金局评定。如果申请人是自雇人士，必须提交一份包含每月总收入详情的法定声明。所有家庭成员必须具有血缘、婚姻或合法收养关系，并且与KiFAS申请人共同居住。需要额外经济援助的家庭，如果每月家庭总收入不超过1 900新元（或家庭成员人均收入不超过650新元），并且该家庭中有一名新加坡公民的儿童就读于AOP或MOE属下的幼儿园，父母便可申请高达240新元的启动费用津贴（SUG）。

学费援助的款项将直接支付给申请人子女就读的幼儿园。申请者只需支付扣除学费援助后的费用。该补助金可用于支付诸如注册费、保险、押金、校服、资料费、附加费等费用。补贴金额已从之

① 新加坡社会及家庭发展部网站 https://app.msf.gov.sg/ComCare/Find-The-Assistance-You-Need/ComCare-Kindergarten-Subsidies.

前每月 108 新元上升到每月 160 新元。[1]

3. 学生护理补贴（ComCare Student Care Subsidies）

学生护理补贴也被称为学生护理费用援助（Student Care Fee Assistance，简称 SCFA）该补贴的享受资格为：

（1）夫妻两人是有工作的新加坡人；

（2）月家庭毛收入低于 4 000 新元或家庭月人均毛收入低于 1 000 新元；

（3）子女必须是新加坡公民或者永久居民（至少家庭成员中有一个是新加坡人）；

（4）子女的年龄在 7～14 岁且在学生护理中心（Student Care Centre）登记。

该项补贴同样适用于在特殊学校上学的残疾学生。除满足以上条件外，由医生诊断为残疾并在特殊学校或主流学校登记的 7～18 岁的残疾子女也可申请该项补贴。这些残疾儿童由特殊学生护理中心（Special Student Care Centre）提供服务。该补助金可用于支付初始费用，例如存款、注册费、制服及保险费等。[2]学生护理补贴待遇计算标准见表 4—9。

**表 4—9　　学生护理补贴待遇计算标准**

| 4 口人或以下的家庭参照以下标准 | 5 口人或以上的家庭参照以下标准 | 学生护理费用小于 290 新元 | 学生护理补贴大于 290 新元 |
|---|---|---|---|
| 月家庭毛收入（新元） | 月人均毛收入（新元） | 补贴比例（%） | 补贴上限（新元） |
| ≤1 500 | ≤375 | 98 | 285 |
| 1 501～2 000 | 376～500 | 95 | 275 |

①② 新加坡社会及家庭发展部网站 https://app.msf.gov.sg/ComCare/Find-The-Assistance-You-Need/ComCare-Kindergarten-Subsidies.

续表

| 4口人或以下的家庭参照以下标准 | 5口人或以上的家庭参照以下标准 | 学生护理费用小于290新元 | 学生护理补贴大于290新元 |
|---|---|---|---|
| 月家庭毛收入（新元） | 月人均毛收入（新元） | 补贴比例（%） | 补贴上限（新元） |
| 2 001～2 200 | 501～550 | 90 | 261 |
| 2 201～2 400 | 551～600 | 80 | 232 |
| 2 401～2600 | 601～650 | 70 | 203 |
| 2 601～2 800 | 651～700 | 60 | 174 |
| 2 801～3 000 | 701～750 | 50 | 145 |
| 3 001～3 200 | 751～800 | 40 | 116 |
| 3 201～3 400 | 801～850 | 30 | 87 |
| 3 401～3 500 | 851～875 | 20 | 58 |
| 3 501～4 000 | 876～1 000 | 10 | 29 |

资料来源：新加坡社会与家庭发展部网站 https://app.msf.gov.sg/ComCare/Find-The-Assistance-You-Need/ComCare-Student-Care-Subsidies.

### （二）残疾儿童救助计划

#### 1. 婴幼儿早期干预计划（Early Intervention Programme for Infants and Children）

婴幼儿早期干预计划对于患有中度至重度残疾的儿童提供社会、教育以及医疗方面的服务，子女的进步将通过与父母共同制订的个人教育计划来进行监控。该计划的享受条件为被诊断为具有发展、智力、感觉、身体残疾或多种残疾的6岁以下的新加坡公民或永久居民。申请者必须要由在儿童发展联盟，KK妇女儿童医院（KK Women's and Children's Hospital，简称KKH），国立大学医院或新加坡总医院工作的医生来推荐。根据残疾儿童的家庭收入情况，政府为该计划提供相应的经济援助。[①]

① 新加坡SG赋能网站 https://www.sgenable.sg/pages/content.aspx? path=/for-children/early-intervention-programme-for-infants-children-eipic.

2. 综合儿童保育计划（Integrated Child Care Programme，简称 ICCP）

综合儿童保育计划由儿童护理中心运营，社会及家庭发展部（MSF）提供资金支持，使 2 岁至 6 岁被诊断为轻度至中度残疾，如身体、听力、视觉或言语障碍或发育迟缓的残疾儿童在护理中心能与同龄正常儿童一起上课、学习和玩耍。让残疾儿童在正常的环境下学习、玩耍和社交的目的是让他们更好地进入下一阶段的主流教育。[①]

3. 残疾儿童社区护理服务（Residential Care Services at Children Disability Homes）

残疾儿童社区护理服务为有特殊需要的 16 岁以下新加坡公民或永久居民的残疾儿童及青少年提供短期或长期的社区护理服务。由残疾儿童之家（Children Disability Homes）来提供一系列能够提高其能力的娱乐和培训活动以及必要的治疗。该计划的申请必须通过专业人士（例如医生、社会工作者和治疗师等）。他们可以在家接受治疗、培训和享受娱乐活动，以最大限度地提高他们的能力。[②]

4. 启发补助计划（Development Support Programme，简称 DSP）

启发补助计划的作用在于为有轻微发展障碍的学龄前儿童（尤其是幼儿园一年级和二年级的新加坡公民或永久居民）提供提早介入计划，为他们安排学习辅导师、临床专家和治疗师到学前教育中

① 新加坡 SG 赋能网站 https://www.sgenable.sg/pages/content.aspx? path=/for-children/integrated-child-care-programme-iccp.

② 新加坡 SG 赋能网站 https://www.sgenable.sg/pages/content.aspx? path=/for-children/homes-for-children-with-disabilities/.

心，并提供短期的辅导和矫正训练。这项计划是采用以社区和家庭为本的模式，为有轻微发展障碍的幼儿提供援助。启发补助计划旨在帮助家长和老师及早发现有轻微发展障碍的子女，帮助他们减轻和克服学习障碍，并提供相关信息。他们会被安排上介入课程，在课堂里获得学习上的辅助。通过这项计划，有轻微发展障碍的儿童能在幼儿阶段尽可能地掌握适合学龄前阶段的各种技能，为上小学做好准备。幼儿老师会尽早识别可能有轻微发展障碍的儿童，让他们接受学习辅导师的评估。一旦确定有发展障碍，就会根据需要被安排接受适合的教育计划。如果需要更多的辅助和支援，就会推荐他们接受其他的介入计划（例如婴儿与幼儿早期介入计划）。①

经确认有轻微发展障碍的儿童，将可能被安排接受学习辅助或治疗配套，着力改善他们在以下几方面的发展情况：集中力和行为反应、精细动作技能和手写能力、大动作技能、语言能力、识字能力、社交情感技能、语音能力学习辅助配套等。学习辅导师会每周一次，以一对一或是小组形式，为相关幼儿提供学习辅助，每次 45 分钟，历时 6 周至 10 周。课程进度将根据其需要酌情调整。治疗配套需要一对一专门指导的儿童将会被推荐给治疗师，接受短期的集中治疗。治疗师会每周一次对其进行矫正训练，每次 45 分钟，历时 10 周至 15 周。包括生活技能、行为、语言或心理方面的矫正训练。学习辅助配套的费用为每月 5～20 新元不等，介入治疗配套的费用为每月 5～200 新元不等。但是已经申请过婴儿/儿童早期干预计划

① 新加坡 SG 赋能网站 https://www.sgenable.sg/Pages/content.aspx? path=/for-children/development-support-programme-dsp.

（EIPIC）或者综合儿童保育计划的儿童不可以申请此项计划。[①]

## 二、儿童福利与保护

### （一）儿童医疗保健

新加坡设有专门的儿童医院，对儿童实行预防接种，积极防治儿童常见病、多发病，做好预防疾病工作。提供必要的卫生保健条件，开展儿童保健工作，定期进行儿童健康检查，使儿童健康成长。同时还有针对儿童的医疗补助。

新生儿保健储蓄补助（Medisave Grant for Newborns）是政府为新生儿所设立的一项医疗福利计划。该计划规定，所有 2015 年 1 月及之后出生的新加坡籍新生儿都可获得 4 000 新元的新生儿保健储蓄补助。2012 年 8 月 26 日至 2015 年 1 月 1 日出生的孩子可以获得 3 000 新元的新生儿保健储蓄补助。符合条件的新生儿登记以后将自动获得该项医疗补助，父母无须再申请。这项补助可以帮助父母支付子女的医疗费用，如健保双全的生活费（MediShield Life premiums）、指定的儿童疫苗接种费（the costs of recommended childhood vaccinations）、住院和门诊治疗费用。这项补助存入子女的医疗储蓄账户后，父母将会收到一封通知单告诉他们存款情况。符合条件却没有领到该项补助的父母可以联系中央公积金局进行询问。[②]

### （二）儿童教育

新加坡政府始终坚持的教育宗旨是：最大限度地发挥每一个新

---

① 新加坡 SG 赋能网站 https://www.sgenable.sg/Pages/content.aspx? path=/for-children/development-support-programme-dsp.

② 新加坡婴儿网站 http://heybaby.sg/havingchildren/grant_newborns.html.

加坡人的潜力，让每个学生施展所长，为每位儿童提供公平而差异的优质教育。新加坡推行“教育储蓄计划”以保证基础教育的公平。

新加坡推行十年免费义务教育，通过“教育储蓄计划”，新加坡每个家庭，不论贫富，子女从小学一年级至中学四年级都可获得一笔钱以保证完成普通水准教育，或者参加职业技术教育与训练以及各种课外补习或培训。如果在完成普通水准教育后，其教育储蓄户头中仍有余款，还可以用来支付初级学院和大学深造的教育费用。①

自 2007 年 1 月开始，新加坡公民的所有 6 岁至 16 岁的子女都将获得一笔教育储蓄金（此前的政策是，政府只为每个家庭的前 3 个子女提供教育储蓄金）。自 2008 年 1 月起，调高中小学生的教育储蓄金标准，每个小学生每年将获得教育储蓄金 180 新元，比过去增加了 10 新元；中学生每人每年 220 新元，增加了 20 新元；同时自 2008 年 1 月起，拨款 4 亿新元，为所有 7 岁至 20 岁的新加坡公民设立“中学后延续教育账户”。政府将按年轻人家庭住房年值的差异，拨款 100 新元至 400 新元进入账户，用来支持他们继续深造。②

另外，为了保证学生有财力参加更多的课外活动和提高课程，教育部自 2009 年 1 月起，把小学生“教育储蓄账户”从每年 180 新元提高到 200 新元；中学生从每年 220 新元提高到 240 新元。2014 年起，教育部还放宽“教育储蓄账户”对年龄的限制，把“教育储

①②　唐科莉. 公平而差异——新加坡基础教育公平的政策取向［R］. 北京：北京教科院教育信息中心，2008：374-381.

蓄账户”扩大到所有中学生（7～16岁的新加坡学生）。年龄限制放宽后，入学晚的学生，以及需要更多时间完成中等教育的学生也将从“教育储蓄账户”中获得额外的财政支持，用于付更多的提高课程。

为了鼓励低收入家庭对儿童的教育投入，降低辍学率，新加坡政府还推出针对来自低收入家庭学前儿童的阅读计划（FLAIR），经过培训的教师为幼儿园二年级、英语学习存在问题的儿童提供针对性帮助（3～11个月），一对一帮助儿童表达、阅读和其他英语方面的日常运用。2006年中期，教育部与10个社区幼儿园一起致力于推广该项目，2007年7月，扩展到90个社区幼儿园。同时与基层机构合作，为没有入园的低收入家庭儿童提供帮助，鼓励他们入园，并帮助家长申请财政支持。

对于低收入家庭的学生，新加坡政府还推出教育部经济援助计划和独立学校助学金计划。

1. 教育部经济援助计划（MOE Financial Assistance Scheme，简称FAS）

为了发展教育事业，降低辍学率，凡在公办或政府资助的学校上学的新加坡公民可以申请教育部经济援助计划支持。该计划对小学至上大学前的学费、杂费、书费、校服费、助学金、交通费提供经济资助。

该计划的申请资格为：家庭月总收入不超过2 500新元或每月人均收入不超过625新元。人均收入指标的引进使得出生在大家庭中的孩子有机会享受该计划。想要申请该计划的学生可以从学校取得申请表或从教育部网站上下载表格，填写完毕后将相关文件一并

交给学校办理。[①]

教育部经济援助计划各阶段所享受的待遇标准不一，具体标准见表 4—10。

**表 4—10　　各阶段费用资助标准**

| 项目 | 小学 | 中学 | 初级学校/大学前 |
|---|---|---|---|
| 学费 | 不提供 | 每月减免 5 新元 | 每月减免 6 新元 |
| 杂费 | 每月减免 6.5 新元 | 每月减免 10 新元 | 每月减免 13.5 新元 |
| 书费 | 免费 | 免费 | 不提供 |
| 校服费 | 免费 | 免费 | 不提供 |
| 助学金 | 不提供 | 不提供 | 750 新元 |
| 交通费（2015 年 4 月 1 日起） | 乘坐校车：校车票价的 50%；乘坐公共交通工具：每年 120 新元补助 | 乘坐公共交通工具：每年 120 新元补助 | |

资料来源：新加坡教育部网站 https://www.moe.gov.sg/education/financial-assistance/moe-financial-assistance-scheme-%28fas%29#footnote01.

此外，中小学的学生每周可获得 7 餐补贴，小学生每餐可获得 2 新元的补贴，中学生每餐可获得 2.5 新元的补贴。这项餐补计划不需要另外申请膳食补贴。[②]申请 FAS 计划的家庭如果遭遇家长或监护人死亡或永久残疾的变故，还可以获得一项免费的与家庭收入相关的家庭收入小型保险储蓄计划（Income Family Micro-Insurance and Savings Scheme，简称 IFMISS）的帮助。在该计划之下，受保人年龄必须在 16～65 岁，一旦家庭遭遇上述困难，就可获得 5 000 新元的补助以及上限为 5 000 新元的额外补助。由于这是一项鼓励公民积极存款的计划，额外补助的标准与家庭的银行存款相关。[②]

①② 新加坡教育部网站 https://www.moe.gov.sg/education/financial-assistance/moe-financial-assistance-scheme-%28fas%29#footnote01.

② 新加坡教育部网站 https://www.moe.gov.sg/education/financial-assistance/moe-financial-assistance-scheme-%28fas%29#footnote01.

2. 教育部独立学校助学金计划（MOE Independent School Bursary Scheme，简称 ISB）

新加坡部分独立学校有自己的独立资助计划，这些学校包括：新加坡体育学校、新加坡艺术学校、北光学校（Northlight School）、圣升明径学校（Assumption Pathway School）、励志中学（Crest Secondary School）和云锦中学（Spectra Secondary School）。[①]

该计划的申请资格同样要满足家庭月收入和人均月收入所规定的限额。申请方式同 FAS。具体标准见表 4—11。

**表 4—11　　ISB 计划资助标准**

| 家庭月总收入 | 家庭月人均收入 | 待遇[a]（2015 年 4 月 1 日起） |
| --- | --- | --- |
| 不超过 2 500 新元 | 不超过 625 新元 | 补贴全部学费及杂费；<br>中学生免书费和校服费，初级学院补贴 750 新元助学金；<br>每年 120 新元交通补助（仅限乘公共交通工具学生）；<br>考试费[b] 全额补贴 |
| 2 501～4 000 新元 | 625～1 000 新元 | 补贴 90%的学费和杂费 |
| 4 001～5 000 新元 | 1 001～1 250 新元 | 补贴 70%的学费和杂费 |
| 5 001～6 000 新元 | 1 251～1 500 新元 | 补贴 50 的学费和杂费 |
| 6 001～7 200 新元 | 1 501～1 800 新元 | 补贴 33%的学费和杂费 |

注：a ISB 接受者指的是有资格获得部分补贴学费的学生。此类学生也可获得教育部的奖学金、特别奖助学金用于支付一部分学费。如果此类学生在公立学校就读，他所获得的全部补贴的上限应是该独立学校每年收取的学费总额并少于该校每年收取学杂费的总额。

b 仅适用于在政府资助的学校参加国际文凭课程的新加坡公民学生。从 2015 年起，政府资助的所有新加坡公民的剑桥 O 级和 A 级（GCE“O”或“A”）的考试费用已被免除。

资料来源：新加坡教育部网站 https://www.moe.gov.sg/education/financial-assistance/moe-financial-assistance-scheme-%28fas%29#footnote01.

---

① 新加坡教育部网站 https://www.moe.gov.sg/education/financial-assistance/moe-financial-assistance-scheme-%28fas%29#footnote01.

与 FAS 相似，ISB 计划同样为学生提供每周 7 餐的补助。只要在教育部独立学校上学的学生，其家庭月总收入不超过 2 500 新元（或月人均收入不超过 625 新元）都可获得每餐 2.5 新元的补助。①

（三）儿童保护

1. 法律保护

新加坡于 1995 年 10 月 2 日加入了“联合国儿童权利公约”（UNCRC），该公约是关于儿童权利的综合性宪章，规定了政府在提供医疗、教育、法律和社会服务方面应达成的最低标准。该公约第 54 条规定了四项基本原则，即儿童的生存权、儿童发展权、儿童受到保护的权利和儿童积极参与社区事务的权利。②

新加坡正式的儿童保护制度始于 1927 年的《儿童保护法令》（Children's Ordinance），该法旨在为儿童提供保护以防止发生残暴行为。第二次世界大战之后，在社会福利署的推动下，先后颁布了以维护和解决家庭纠纷为目的的《妇女宪章》和保护儿童的专门性法规《儿童和青年法》。

《儿童和青年法》明确规定社会发展、青年及体育部承担着法定的保护儿童免受虐待与忽视的责任。该部法律为 14 岁以下的儿童和 14 至 16 岁的青少年提供保护。社会发展、青年及体育部通过有效察觉、调查及改造犯罪者来确保儿童免遭虐待。被虐待或被忽视的儿童可通过关爱课程疗伤，有条件的话，社会发展、青年及体育部还会帮助并支持家庭给子女提供更有爱的环境。在机构设置方

① 新加坡教育部网站 https：//www. moe. gov. sg/education/financial-assistance/moe-financial-assistance-scheme-%28fas%29#footnote01.

② 社会及家庭发展部网站 https：//www. msf. gov. sg/policies/Childen-and-Youth/Pages/Obligations-under-the-UN-Convention-on-the-Rights-of-the-Child. aspx.

面，新加坡设立儿童保护中心、儿童收容所、寄养家庭等组织由社会工作者为受虐儿童提供保护。

新加坡《就业法案》还规定，禁止雇用13岁以下的儿童工作，且规定了13～15岁青少年的工作类型，他们只能在非工业环境（non-industrial setting）中执行适合其能力的轻型职务。15～16岁的青少年可以在工业环境中工作，但也限定了工作类型。表4—12是从非工业环境和工业环境（industrial setting）（例如建筑、运输、制造业）两个领域的限定。

表4—12　　未成年人就业规定

| 年龄 | 非工业环境 | 工业环境 |
| --- | --- | --- |
| 13岁以下儿童 | 无 | 无 |
| 13～15岁青少年 | 仅轻型职务 | 无（家人陪同除外） |
| 15～16岁青少年 | 可从事 | 可以，但必须在雇用之日起30天内通知人力资源部劳工处并提交医疗报告 |

资料来源：新加坡人力资源部网站. http://www.mom.gov.sg/employment-practices/young-persons-and-children.

2. 机构保护

新加坡儿童会（Singapore Children's Society）是一家为儿童提供庇护、安慰与救济的机构。该机构成立于1952年，致力于保护及培育来自不同种族和宗教信仰的儿童和青少年。随着新加坡的发展，儿童会的服务项目随着儿童需求的改变而不断演变。儿童会现今在全国通过11家服务中心，提供四类服务：弱势儿童服务、儿童与青少年服务、家庭服务，以及研究与倡导。[①] 这四项服务的具体内容见表4—13、表4—14、表4—15、表4—16。

① 新加坡儿童会网站 https://www.childrensociety.org.sg/cn-services.

表 4—13　　　　　　　　　　**儿童会弱势儿童服务项目**

| 宗旨：保护及引导弱势儿童 | |
| --- | --- |
| 防止虐待和忽视儿童工作室 | 这个全天工作室的目的在于增强人们对虐待和忽视儿童情形认识的意识。工作室传授关于虐待的迹象和症状方面的知识，以及举报可疑个案的渠道。其主要对象是儿童的次要看护者，例如教师 |
| 强制教育计划 | 教育部委托儿童会独家为儿童和家长进行辅导，讲解入学的重要性，并协助解决他们所面临的困难。通过这项计划，为那些没有替 6 岁到 15 岁孩子报名入学，或是没有让孩子接受规定的 6 年学校教育的家庭提供援助 |
| 辅导和改造计划 | 辅导和改造计划为期 6 个月，主要帮扶罪行轻微的青少年初犯。该计划为青少年、家长和家庭成员进行个人和家庭辅导课，并展开校访和家访 |
| 儿童生活（KidzLive）课程 | KidzLive 是一个历时 45 分钟的课程，旨在教导 5 岁到 8 岁儿童保护自己，避免遭到性虐待。课程通过讲故事和歌曲等互动元素，教导儿童爱惜身体、分辨善意和恶意的触摸，并在被他人不恰当地触摸时，告诉一名可信赖的成年人。为了让更多学前儿童学习这项课程，2012 年开始培训学前教师讲授 KidzLive 课程。经过半天培训，教师可获得一套资源工具包，可随时用来讲授 KidzLive 课程 |
| 儿童实现（KidzREACH） | KidzREACH 是一项为小学生推出的品格教育计划，通过有意义的活动和游戏，为儿童灌输正确的品格与价值观 |
| 扶梯计划 | 扶梯计划帮助的是囚犯的家属。他们往往受到社会歧视，孤立无援。这项同新加坡监狱部门联手展开的计划，能让孩子通过视频探访设备，同正在牢里服刑的父母经常保持联系。探访的过程中，社工也能够同家属尤其是孩子接触并评估他们的近况，在有需要时给予援手 |
| 晨曦儿童之家 | 晨曦儿童之家受政府委任，为需要保护的受虐待、被忽视的儿童，或是无法获得父母妥善照顾的孩子，提供一个安全的栖身之所。晨曦儿童之家为 2～18 岁儿童和青少年，提供充满关爱的环境，并提供增益课程、品德教育和辅导 |
| 叮铃朋友 | 叮铃朋友的热线及聊天站是为新加坡小学生而设。叮铃朋友由受过培训的义工和雇员负责接听，尤其是当用户的父母或主要看护者不在场的情况下，为寂寞和有困难的儿童提供支援、建议和资讯 |
| 脆弱证人援助计划 | 脆弱证人援助计划为那些必须在刑事案件中作证的儿童脆弱证人，提供足够的援助。“脆弱证人”是指 16 岁或以下的受害人或证人。每一名儿童证人将被安排一名受过训练的志愿援助员，协助他们应付压力、适应司法程序。儿童会同法庭和警方携手合作，在志愿者的协助下，为儿童证人提供情感和非证据方面的实际援助 |

资料来源：新加坡儿童会网站 https://www.childrensociety.org.sg/cn-services.

表 4—14　　儿童会儿童与青年服务项目

| 宗旨：培育与启发儿童与青少年 | |
|---|---|
| 反欺凌计划 | 新加坡儿童会自 2004 年开始推行反欺凌计划，以减少校霸欺凌问题和对涉事者的影响。儿童会通过这项计划，主办一系列的活动，包括反欺凌营和反欺凌校内讲座，使校园环境更安全，目标是提倡在校内的无欺凌文化 |
| 儿童和青少年讲座与工作室 | 儿童会旨在通过寓教于乐的方式，以提高儿童和青少年的福利。为儿童以及青少年设计的项目符合教育部的社交和情绪学习的框架要求 |
| 儿童营 | 儿童会举办各种儿童营，例如 V—巢营。V—巢营通过互动团体活动和音乐治疗课程，传授和平、尊重、爱等生活价值观。这些价值观能引导他们应付冲突，建立尊重他人的人际关系，扩大交际圈，并展现良好的社交技能 |
| 小火车 | 小火车计划是一个结构化的社区外展活动，目的是向 5～6 岁儿童灌输六种正面的价值观：善良、勤劳、诚实、感激、尊重和孝道，成为不同种族和信仰的孩子们的人生指导原则，让他们终身受用。活动结合故事、木偶、美术、角色扮演和歌曲等，让小朋友们在欢乐中学习 |
| 儿童外出计划 | 儿童外出计划是为来自低收入家庭的 9～12 岁儿童推出的探访计划。通过这项计划，儿童在义工和雇员的看护下，做功课和玩耍，并参与由社工和辅导员带领的自助小组活动 |
| 飞跃计划 | 飞跃计划协助儿童培养健康的自我形象，同时探索和欣赏他们的优点和正面特质 |
| 集装箱活动社计划 | 集装箱活动社计划设在校内的学生活动中心，能让社工更有效地同青少年接触。活动社为学生提供一个放学后可聚集、放松身心的地方，可以使用中心内的设施上网、玩游戏，或参与有意义的活动。另外，社工也开办生活技能工作坊和培训课程，并为需要帮助的学生提供辅导。一些集装箱活动社设有活动，也是教育部认许的校内课外活动之一，在教师和儿童会社工的指导下，由一组社员负责管理同学们在中心内的活动 |
| 风暴骑士 | 风暴骑士是针对小学三到五年级孩童的愤怒管理计划。通过计划，孩子学会有效的沟通、情绪管理和调节方法，以及解决冲突的技巧 |
| 晨曦之友俱乐部 | 晨曦之友俱乐部成立的目的，是要通过健康、创意和建设性的活动，为儿童和青少年带来欢乐。通过晨曦之友，儿童会的职员和志愿者带领儿童和青少年，在室内和户外进行各项互动活动 |
| 少年生活 | 少年生活计划为青少年服务，举行培训课程和讲座，旨在帮助青少年了解自己，在现实当中掌握生活技能 |

资料来源：新加坡儿童会网站 https://www.childrensociety.org.sg/cn-services.

表 4—15　　儿童会家庭服务项目

| 宗旨：支援及加强有需要的家庭 | |
| --- | --- |
| “灯塔”工作个案辅导 | 为期 6 个月的转移改造计划，协助青少年和家庭应付现存的行为问题，维持家庭和谐。先决条件是：父母和孩子必须自愿加入计划 |
| “不受父母管教”监管令 | 家长可以向少年法庭申请，协助他们监管无法管教的孩子。计划的目标是提供监督和指导，纠正孩子的行为，恢复家庭融洽关系。在监管令下，儿童会的辅导员和社工负责监督和辅导难以管教的儿童和青少年，为期 1 年到 3 年。家长或监护人或须接受儿童会的自愿个案辅导 |
| 儿童医药基金 | 同政府医院和机构的医疗社工紧密合作，为患病儿童提供治疗和康复护理的医药津贴。受益者包括婴儿、儿童与青少年，直到他们年满 19 岁为止 |
| 家庭生活教育活动 | 通过家庭生活教育活动，中心致力于培养教师人才，为教育者提供讲授方面的培训，使他们能够胜任教育下一代的任务 |
| 理亲计划 | 理亲计划为育有 6 岁到 12 岁的孩子和有意学习育儿技巧和知识的家长，开办总共 4 堂课的课程。课程轻松有趣且实用，除了改善沟通能力，也有助促进亲子关系 |

资料来源：新加坡儿童会网站 https://www.childrensociety.org.sg/cn-services.

表 4—16　　研究与倡导服务项目

| 宗旨：为儿童与他们的未来做声援 | |
| --- | --- |
| 反欺凌讲座 | 儿童会每年主办的反欺凌讲座的目的是为了建立一个公众教育平台，提倡安全和谐的校园环境，并提高教育工作者、辅导员和家长对于校霸欺凌行为的意识 |
| 研究津贴 | 儿童会派发研究津贴，协助大学生、荣誉学位学生和研究生展开同儿童、青少年与家庭课题相关的研究 |
| 研究 | 儿童会展开研究，以协助辨识同新加坡的儿童、青少年与家庭相关的社会趋势和课题。研究结果被出版成专著，并在适当的平台上发表 |
| 儿童大会 | 儿童会在 2013 年主办首届儿童大会，让孩子们针对自己关注的课题，提出看法 |
| 新加坡儿童会讲座 | 自 2007 年起，儿童会每年举办的新加坡儿童会讲座，为的是要加强公众对儿童、青少年与家庭利益息息相关课题的意识 |

资料来源：新加坡儿童会网站 https://www.childrensociety.org.sg/cn-services.

新加坡妇女儿童保障计划汇总见表 4—17、表 4—18。

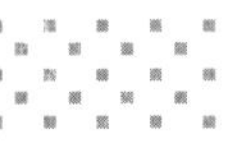



表 4—17　新加坡妇女保障计划汇总表

| 类别 | 新加坡妇女保障计划 | 内容 |
| --- | --- | --- |
| 育儿假期 | 政府付费的带薪育儿假期计划 | 最小的子女在 7 岁以下且为新加坡公民，父母在目前工作单位至少工作 180 天，可享受 6 天带薪育儿假期（子女年龄在 7～12 岁可享受 2 天） |
| | 无薪育儿假期 | 孩子在两岁以下且为新加坡公民，父母在目前工作单位至少工作 180 天，可享受两天无薪育儿假期 |
| | 政府付费的收养假期计划 | 收养人为合法夫妻且至少有一方为新加坡公民，所收养子女在 12 个月以下，父母在目前工作单位至少工作 180 天可享受 4 周带薪假期 |
| 产假 | 女性产假 | 所生育子女为新加坡公民，父母为合法夫妻且在目前工作单位至少工作 180 天，可享受 16 周产假。产假期间工资照常支付 |
| | 陪产假 | 所生育子女为新加坡公民，父母为合法夫妻且在目前工作单位至少工作 180 天，父亲可享受两周带薪陪产假 |
| | 分享产假 | 男性雇员（或自雇者）的妻子符合带薪产假计划，该男性雇员可分享妻子的产假时间 |
| 其他 | 婴儿花红计划 | 帮助家庭支付抚养子女的成本，分为婴儿现金计划和儿童发展储蓄账户两部分 |
| | 父母退税费 | 根据生育子女胎次可享受不同标准的税费减免 |
| | 生育医疗服务 | 可用保健储蓄账户支付产前和分娩费用，分娩费用使用上限根据分娩方式而定 |

表 4—18　新加坡儿童保障计划汇总表

| 类别 | 新加坡儿童保障计划 | 内容 |
| --- | --- | --- |
| 儿童救助 | 儿童/婴儿护理补贴 | 新加坡所有的父母和子女只要在早期儿童发展局（ECDA）登记过的，都有权享受基本补贴。家庭月收入在 7 500 新元及以下的家庭还有资格获得额外的补贴，收入越低的家庭获得的额外补贴越多 |
| | 幼儿园补贴 | 为贫困家庭支付子女上幼儿园的第一笔开销，该补助金可用于支付诸如注册费、保险、押金、校服、资料费、附加费等费用 |
| | 学生护理补贴 | 夫妻及子女为新加坡公民且在学生护理中心登记过的 7～14 岁学生可享受。该补助金可用于支付初始费用，例如存款、注册费、制服及保险费等 |

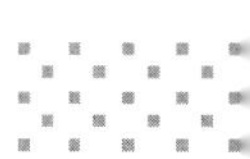

续表

| 类别 | 新加坡儿童保障计划 | 内容 |
| --- | --- | --- |
| 残疾儿童救助 | 婴幼儿早期干预计划 | 针对6岁以下中度至重度残疾儿童提供社会和教育以及医疗方面的服务。根据残疾儿童的家庭收入情况，政府为该计划提供相应的经济援助 |
| | 综合儿童保育计划 | 安排2至6岁被诊断为轻度至中度残疾的儿童在护理中心与同龄正常子女共同学习生活 |
| | 残疾儿童社区护理服务 | 由残疾儿童之家为16岁以下残疾儿童及青少年提供短期或长期的治疗、培训和娱乐服务 |
| | 启发补助计划 | 为有轻微发展障碍的学龄前儿童（尤其是幼儿园一年级和二年级的新加坡公民或永久居民）提供提早介入计划，为他们安排学习辅导师、临床专家和治疗师到学前教育中心，并提供短期的辅导和矫正训练 |
| 儿童福利 | 新生儿保健储蓄补助 | 政府为新生儿所设立的一项医疗福利计划，所有新加坡籍新生儿都可获得该项补助 |
| | 教育储蓄计划 | 政府为新加坡学生建立该账户，每年定额进行储蓄用于子女的教育 |
| | 教育部经济援助计划 | 针对在公立或政府资助的学校上学的低收入家庭的教育计划。该计划对小学至上大学前的学费、杂费、书费、校服费、助学金、交通费提供经济资助 |
| | 家庭收入小型保险储蓄计划 | 是一项针对家庭收入储蓄情况的保险计划，申请教育部经济援助计划的家庭遭受家庭变故时可享受该计划 |
| | 教育部独立学校助学金计划 | 新加坡独立学校的独立资助计划，同样针对低收入家庭学生 |
| | “居者有其屋”及教育计划 | 其中的教育经费投入存入教育储蓄账户 |

# 第五章

# 新加坡残疾人社会保障

## 第一节　新加坡残疾人社会保障发展概述

随着人类文明的演进和社会的发展，残疾人群体越来越引起政府、社会、企业的关注，残疾人社会保障的发展水平也成为衡量一个国家福利水平与社会文明程度的重要指标。新加坡非常重视残疾人事业的发展，为残疾人群体营造了全纳[①]、健康、积极的生存与发展环境。

### 一、包容与接纳的社会氛围

新加坡1991年颁布的共同价值观包含五个方面的内容，即国家至上，社会为先；家庭为根，社会为本；社会关怀，尊重个人；协商共识，避免冲突；种族和谐，宗教宽容。基于这五种共同价值观，2004年新加坡政府正式呼吁建立“全纳社会”，并且提倡“多方援手”来共同发展残疾人事业。在此背景下，一个由政府部门、家庭、社区和各种志愿性福利团体共同组成的残疾人服务网络逐渐

---

① 全纳社会并非是要实现残疾人完全自由的生活，而是从残疾人的权利出发，在能够实现机会公平平等的基本结构下，使残疾人群体位于确保其从事基本功能性活动的“保障门槛”之上，这是残疾人全纳建设的尺度与内涵。

发展起来。健康的社会氛围使正常人群能够包容与接纳残疾人，摘下“有色”眼镜公平地看待他们，减少对残疾人的排斥。同时，新加坡的慈善机构呼吁“拥抱残疾人”，为残疾人献爱心，让残疾人能够积极、主动地参与社会活动，融入社会大家庭，共同为新加坡的社会发展贡献力量。也正是在这种价值理念的指导之下，新加坡政府连续颁布了《2007—2011 赋权总体规划》（Enabling Masterplan2007—2011）和《2012—2016 赋权总体规划》（Enabling Masterplan2012—2016），为残疾人事业设计了一幅广阔的发展蓝图。

## 二、增能与激励的发展方式

新加坡不是福利国家，也并不会像福利国家那样为残疾人群体提供“从摇篮到坟墓”的社会福利。新加坡是一个城市国家，资源匮乏，人口数量少，被称作是生于忧患的“狮城”，新加坡经济的突飞猛进离不开每一位公民的贡献与努力，他们提倡自力更生，注重自我的发展，增强自身参与社会的能力。

对于残疾人群体的帮扶，新加坡也并不只是简单帮助他们解决基本的生活问题，而且更加注重残疾人的发展。一方面，新加坡特别注重早期儿童干预与教育，通过早期诊断可以为残疾人制订适合自己的教育计划，不仅减少了不必要的教育成本，而且能够让残疾人儿童受到专业的特殊教育，增加他们抵御社会风险的能力，为以后参与社会生活融入社会发展，奠定良好的基础。另一方面，新加坡鼓励残疾人通过培训来发掘其自身的潜力，开发人力资源，掌握知识技能，通过再就业的方式来摆脱残疾人的生活困境，通过发展自我救助的方式走向新的人生轨迹，这不仅减少了社会负担，解决了残疾人经济问题，而且培养了残疾人群体自立自信的人格，让残疾人能够以积极向上的状态融入社会的发展浪潮之中。

## 三、预防与补偿的制度实践

事后补救远远比不上事前预防，新加坡政府特别注重对残疾人的早期干预和预防。通过早期预防，可以对残疾人进行及早的治疗，减少重度残疾发生的概率；通过功能性补偿可以弥补残疾人功能缺陷带来的不便，可以让他们更好地融入社会生活和工作环境之中。

新加坡建立了比较完善的早期监测机制，从幼儿出生开始便通过建立儿童保健手册对儿童实施早期监测，做到及时发现、及时治疗、及早培养，对不同家庭中儿童的发展问题和存在潜在危险的儿童进行早期的预防工作。此外，对于已经存在肢体和行为障碍的残疾人，新加坡政府也制订了许多计划，例如，残疾人辅助技术基金、残疾人出租车补贴计划、残疾人士公共交通优惠计划等，旨在通过一定的辅助器械和经济补贴来满足残疾人生活和工作的需要，能够帮助他们独立自主地解决一些问题，共享社会的发展成果。

## 四、新加坡对于残疾人的定义

残疾人是特别需要帮扶的特殊群体，新加坡政府也十分重视残疾人事业的发展。在国际上，对残疾人的定义并不统一。例如国际劳工组织公约《（残疾人）职业康复和就业公约》（第 159 号）这样定义：残疾人是指因经正式承认身体或精神损伤在适当职业的获得、保持和提升方面的前景大受影响的个人。联合国《残疾人权利宣言》中则认为残疾人是指任何由于先天性或非先天性的身心缺陷而不能保证自己可以取得正常的个人生活和社会生活上一切或部分必需品的人；《关于残疾人的世界行动纲领》中明确提出，残疾人并不是一个单一性质的群体，而是包括精神病者，智力迟钝者，视觉、听觉和言语方面受损者，行动能力受限者和“内科残疾”者等。1980 年，世界卫生组织首次编写出版了一本关于残疾的国际分类手册，精细地区分了疾病引起的不同后果。根据这本手册，残疾具有三方面的含义：（1）身体或心理方面的缺点或限制，通常以损害（impairment）来表示；（2）这些损害必定会导致身体功能丧失或减少，通常以失能（disability）来表示；（3）这些失能者，倘若遭受社会的歧视或环境的限制，就会形成障碍（handicap），使其无法发展潜能或独立生活，这就成为残疾。[①]

明确残疾人的定义对于在新加坡探讨残疾人社会保障问题至关重要。1988 年由时任教育部部长陈庆炎主管的残疾人咨询委员会（ACD）将残疾人定义为：那些由于生理、感官和智力存在缺陷，致使其在社会中难以平等地获得保障、维持地位、享受教育和就业等机会的个体。[②] 这个定义是由残疾人咨询委员会通过研究国际上现有的残疾人定义而得出，其中一部分来源于国际劳工组织 1983 年颁布的《（残疾人）职业康复和就业公约》，另一部分则来源于世界卫生组织在 1980 年对于损害（impairment）、失能（disability）、障碍（handicap）的解释。2004 年新加坡社会发展、青年及体育部进一步细化了残疾人咨询委员会关于残疾的定义，包含了“发展型”障碍。从此，残疾人被定义为：那些由于生理、感官、智力和发展方面存在缺陷，致使其在社会中难以平等地获得保障、维持地位、享受教育和就业等机会并且存在“发展型”障碍的个体。[③]这是新加坡现今一直采用的对于残疾人的定义。

---

① 郑功成．社会保障学［M］．北京：中国劳动社会保障出版社，2005：385-387.

②③ 新加坡社会及家庭发展部网站 https://app.msf.gov.sg/Portals/0/Files/EM_Chapter1.pdf.

新加坡残疾人咨询委员会认为残疾人定义包括两个部分：一是医学上的残疾，基于严格的医疗诊断。比如说肢体残疾、截肢或脊髓灰质炎的影响；感官残疾，听力受损以至于听不到低于12分贝的声音；视觉障碍，失明或者低视力；智力障碍和其他发育障碍等。二是社会功能残疾，该观点认为，残疾人是整个社会经济、环境和文化的一部分，残疾被看作是在社会物质、制度和观念上的障碍结果，这些障碍阻止了残疾人正常地融入社会。委员会指出，新加坡目前的定义以医学标准为基础，并在此基础上注重对参与社会的功能限制的衡量。医学的角度可以确保有足够的严谨性来区分是什么因素构成了残疾，而社会功能的角度则注重强调需要解决残疾人在社会经济、环境和文化上的障碍。

## 第二节　新加坡残疾人管理体系

残疾人事业发展是复杂的、跨部门的，涉及不同的社会成员。高效的领导和有力的支持显得尤为重要，残疾人咨询委员会提倡采用“众多援手”的方法。为了实现“全纳社会”的最终目标，需要社会各界与政府部门相互合作，并且确保政府相关机构在残疾人事业管理方面的领导地位。《2007—2011赋权总体规划》提出建立残疾人事业的领导与协调部门，即国家残疾人事务办公室。该办公室的领导人员由教育部（Ministry of Education）、卫生部（Ministry of Health）、人力资源部（Ministry of Manpower）和社会发展、青年及体育部通过选举产生，由此新加坡形成了较为系统的残疾人事业管理体系。[①] 其主要职责是协调各部门通力合作，优化机构资源，

① 姜峰，温垚. 新加坡“2007—2011促残融入社会总体规划”述评［J］. 学园，2013（33）：1-3.

并激励社会大众和私营部门参与到残疾人事业的建设中来，为残疾人提供有益的社会发展成果，集中力量建立全纳社会，共同解决残疾人问题。国家残疾人事务办公室下属部门包括社会发展、青年及体育部，早期干预与教育部、残疾就业部三个分部门，初期主要专注于解决残疾人的早期干预、教育和就业问题。[①]

第一，社会发展、青年及体育部，作为国家残疾人事务办公室的秘书处，将帮助协调部门之间的合作问题，并且分析和确定发展战略、服务和方案的差距，为其他下属部门提供建议和咨询工作，而且有必要对相关部门承担的领导角色进行优化重组，确保残疾人办公室及其下属部门能够高效地协调运转，形成合力来共同推动残疾人规划的有序开展。

第二，早期干预与教育部门，主要解决残疾人的早期治疗和教育问题。在新加坡教育部和卫生部的领导下和其他主要成员，即社会发展、青年及体育部，全国社会服务中心（National Council of Social Service，简称 NCSS）和志愿性福利团体（Voluntary Welfare Organisations，简称 VWOs）的配合下，为有特殊需要的残疾儿童提供服务。通过聘请国内外专家对残疾人进行诊断与治疗，并提供相应的社会服务和支持来确保残疾人诊断与治疗的顺利实施。除此之外，该部门还要努力改善残疾人的特殊教育，发现残疾儿童的兴趣和优势，创造优越的、共享的特殊教育环境。

第三，残疾就业部门，主要负责解决残疾人的就业问题。由人力资源部，社会发展、青年及体育部和劳动力发展局（Workforce Development Agency）协同组成，其主要成员还包括教育部、雇主

① 新加坡社会及家庭发展部网站 https://app.msf.gov.sg/Portals/0/Files/EM_Chapter2.pdf.

代表、新加坡国家雇主联合会（Singapore National Employers Federation）、全国社会服务中心、志愿性福利团体等。其中人力资源部和劳动力发展局发挥着重要的桥梁和纽带作用，负责协调联系有就业能力的残疾人与有需求的雇主、企业，为残疾人争取更多的就业岗位，帮助他们重新就业；而社会发展、青年及体育部通过与全国社会服务中心和志愿性福利团体的合作，为残疾人就业提供社会服务和支持，提倡打破对残疾人就业的观念歧视，为残疾人提供公平的就业和发展机会（见图 5—1）。[①]

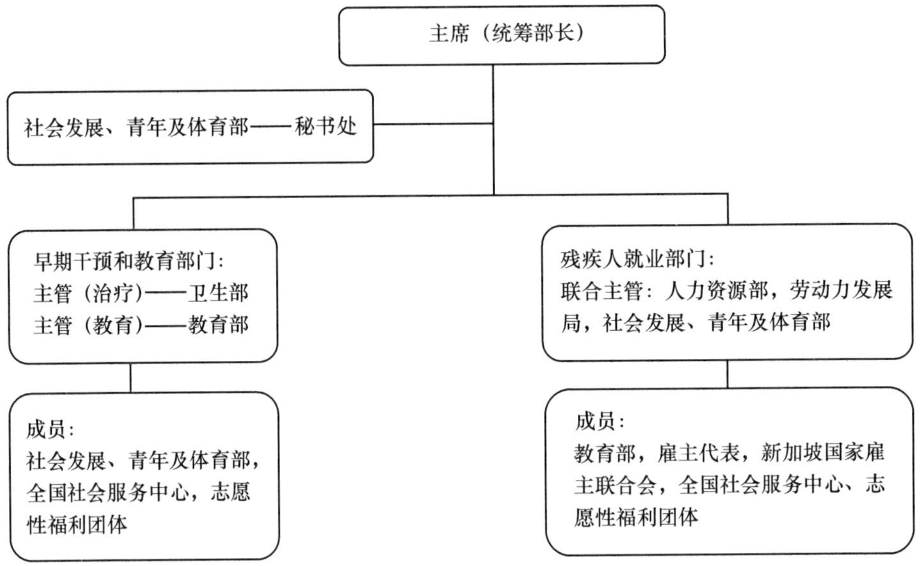


图 5—1　全国残疾人办公室组织架构图

资料来源：新加坡社会及家庭发展部网站 https://app.msf.gov.sg/Portals/0/Files/EM_Chapter2.pdf.

① Ministry of Social and Family Development，Enabling Masterplan 2007-2011.

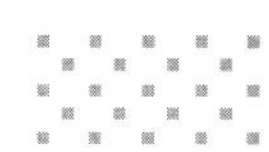


## 第三节 新加坡残疾人事业发展规划

早在1988年新加坡残疾人咨询委员会颁布的“为残疾人提供机会”报告中指出要平等地对待残疾人，对有特殊需要的人群进行合理的安置。随着新加坡社会与经济的发展，“全纳”教育理念也逐渐兴起，在各种协会和志愿性福利团体的协助下，成立了许多专门面向残疾人的特殊教育学校。同时，为了让残疾人以积极的状态融入社会，通过就业的方式重新回归社会，在“彩虹中心”的领导下建立了专门为残疾人服务的就业发展中心、日常活动中心和居住服务中心，致力于培养残疾人的生活与就业技能。2004年，总理李显龙在国庆集会上提出要制定并实施残疾人赋权总体规划，致力于建设新加坡全纳社会，在政府、企业、市场、志愿性福利团体、个人的共同努力之下，促进残疾人事业的发展，实现平等与共享的目标，真正帮助残疾人独立自主，自力更生。2006年9月新加坡赋权总体规划委员会正式成立，2007年2月，由新加坡社会及家庭发展部推出的《2007—2011赋权总体规划》正式出台并实施。[①] 该规划明确了新加坡今后五年内残疾人事业的发展方向以及相关政策方案，有特殊需要的儿童将得到有效的干预和教育服务，来发掘他们的发展潜力，通过改善新加坡残疾人的学习和生活环境，希望他们能够被平等的对待，实现残疾人群体的社会回归与融入。此规划实施完成之后，新加坡政府在检验成果和总结经验的基础之上又出台了《2012—2016赋权总体规划》，并且指出新的规划指导原则：对

① 姜峰，温垚. 新加坡“2007—2011促残融入社会总体规划”述评［J］. 学园，2013（33）：1-3.

残疾人采取包容性的方式；承认残疾人的自主性和独立性；在公众、政府和私营部门的支持下运用多方力量；把社区作为家庭关爱残疾人的支持和赋权来源。新的规划还采取了“双管齐下”的方法，在自上而下地拟定各种规划的同时，建立一个反映不同利益相关者愿景的指导委员会，以确定服务差异，从而进一步推进新加坡残疾人事业的发展，建立一个更加包容的社会，在残疾人各个发展时期和日常生活方面给予支持以发挥他们的潜能，使残疾人发展成为能为社会做出贡献的、积极的社会成员。

## 一、重视残疾人早期干预

新加坡社会发展、青年及体育部，教育部和卫生部根据估算发病率和服务设施的利用率，测算出大约有3%的新加坡人口有某种形式的残疾，这其中包括7 000名发展困难的学龄前儿童和13 000名学龄儿童存在特殊需求。[①] 儿童是一个国家的未来，新加坡政府认为应该加强儿童早期干预与特殊教育，做到及早发现、及时治疗。

《2007—2011赋权总体规划》第三章中提出：高质量的早期干预和教育，将最大限度地发掘发挥儿童的潜力，为他们以后成年参与社会生活奠定坚实的基础。对于有特殊需要的儿童进行早期干预和教育至关重要。相关研究表明，儿童在8岁以前是开发智力、培养社会情感的黄金时期，加大这一时期的教育投入，不仅会降低日后的教育成本，而且还会影响到他们未来的发展趋势和独立生活的能力。对此，总体规划提出：（1）及时对儿童进行早期干预和诊断，根据诊断结果来让儿童尽早接受符合其情况的早期教育，并制

---

① Ministry of Social and Family Development，Enabling Masterplan 2012-2016.

订出一套系统的方案路线，即为1～3岁存在发展障碍的儿童提供最佳诊断与教育的路线，即发现问题→诊断、评估、确定→配套相应教育→实现教育目标→进行反馈→调整新的方案，为儿童的早期干预和教育问题提供有力保障；（2）制订高质量的教学课程和教学计划，明确“谁来教”和“教什么”的问题；（3）重视专业人员的培训和开发，保证人力资源充足；（4）确保行动规划的资金来源；（5）鼓励家庭照顾者的积极参与；（6）确保规划之间的相互衔接和整合；（7）要有明确的战略指导和严格的执行纪律。[①]

（一）建立早期监测网络

总体规划提出，要在社区中建立一个早期监测点，以支持有不同需要的利益相关者。这个早期监测网络包括初级保健专业人士、儿童护理、学前班和家庭服务中心。《2007—2011赋权总体计划》第三章中介绍了对残疾儿童早期监测的机构和相关服务内容，在《2012—2016赋权总体计划》第二章中进一步提出通过建立儿童保健手册对儿童实施早期监测。儿童保健手册主要覆盖4个发展方面：个人社会情感、精细动作、粗动作和语言，从孩子出生的第一个月起开始记录，最大的记录时间范围是在18个月至3岁，掌握儿童在不同年龄阶段的发展情况，医生和受过培训的护士可把儿童保健手册中记录的信息作为监测儿童发展的工具。通过及早监测，可以发现有特殊需要孩子的发展需求，医疗机构就可以进行及时的干预和治疗，避免延误时机，减少日后的治疗成本。因此，为了发现不同社会背景、有着不同特殊需要的儿童的发展问题及其潜在危险，《2012—2016赋权总体规划》建议，应该加强全国儿童早期监测网

① 新加坡社会及家庭发展部网站 https://app.msf.gov.sg/Portals/0/Files/EM_Chapter3.pdf.

络的建设，在社会各层力量的帮助下尽快建立新加坡儿童早期监测点和监测网络系统，为早期干预和教育工作奠定良好的基础。

（二）为家庭照顾者提供诊断信息与教育咨询服务

《2007—2011 赋权总体规划》中关于早期干预的部分中提到，正常孩子的父母通常会很清楚地给孩子们规划好以后的学习路线，但是有特殊需要的孩子，往往在 2 到 3 年之内都没有很好的教育规划，因此应该为这些家长提供相应的教育选择与建议。《2012—2016 赋权总体规划》中也指出，家庭的充分参与是确保早期干预卓有成效的关键因素。委员会认识到，目前的干预模式是以专业人士为中心的，并不是以家庭为中心的实践模式，没有以家庭和儿童为导向。因此，规划纲要中提到，要转变这种传统的早期干预模式，家庭的需要及优先权、可获得的资源都应该在规划方案中被考虑到，评估家庭的能力和潜在的压力因素，让家庭参与决策，并为他们的决定提供支持。构建家庭—孩子互动模式，并以家庭为中心，进行各种培训。委员会认识到家庭照顾者发挥其独特而重要的作用，可以更好地促进他们孩子的身心发展和教育。因此，在了解家庭需求的基础之上，还应该向他们提供正确的信息和最优的教育选择方案。首先，家庭照顾者可通过残疾信息与转诊中心的“一站式”信息站、家庭服务中心和网络获取特殊需要儿童的相关诊断信息（通过定期的分析与调查获取最新信息），此外，也可以通过医院所设立的儿童发展单元获知特殊需要儿童的诊断信息。其次，提供多样性的教育选择，通过建立儿童发展单元，对不同症状的残疾儿童分类，以此提供相应的教育选择。[①] 儿童受益最多的地方往往

---

① 姜峰，温垚. 新加坡“2007—2011 促残融入社会总体规划”述评［J］. 学园，2013（33）：1-3.

是家庭给予他们的帮助和支持，家庭照顾者通过与专业人员和服务人员之间进行沟通交流，获得正确的教养信息，充分发挥家庭的优势和竞争力，对孩子的早期干预作出正确的判断，制定更加合适的培养方案。

（三）建立服务质量和效果评估框架，培养专业人才

随着新加坡早期干预服务的不断扩大，需要确保某些标准和服务得到一致性的认可与维护，以防止出现服务质量下降的情况。一方面，委员会建议设立专门的咨询小组，就相关事项提供咨询意见，设计共享的服务框架，以帮助早期干预中心应对各种不同的残疾类型，确保早期干预与教育的实施效果达到最优水平。

另一方面，委员会指出专业的高素质人才是确保早期干预服务质量的关键所在。同时，许多家长也表达出自己对专业人士和治疗师短缺状况的担忧。因此，必须要加强人才储备，组建专业人才队伍。委员会通过建立培训与咨询服务网络，广泛吸纳国内外优秀特殊教育专家，制定专业人员的能力培训与职业技能学习方案，例如全国福利基金理事会聘请海外早期干预专家克里斯汀·克拉克（Christine Clarke）制定专门面向新加坡的早期干预方案和相关课程框架。

（四）早期干预的资金支持

充足的资金和有效的管理是确保早期干预工作顺利进行的基础。考虑到早期干预服务对于特殊需要儿童的关键性，委员会加大对相关干预部门的资金支持，并采取“混合式”的资金资助方式：(1）为有特殊需要的儿童提供专门的固定补贴，此补贴与教育部和全国社会服务中心资助6～18岁儿童接受特殊学校服务的标准相同；

(2) 经过相关审查，对每月人均收入低于 1 000 新元的家庭提供救济补贴，该补贴标准上限是非残疾儿童学前教育平均费用的四倍。有了足够的资金支持，可以减轻志愿性福利团体的财务压力，让他们为儿童提供更好的服务与援助。[①]

## 二、注重残疾人开发，实行结构化的“价值链”就业框架

就业可以帮助残疾人实现自力更生，并且获得自我价值感。但是，部分残疾人通过自身的条件难以克服困境重新就业，因此需要为他们提供相应的就业支持服务。早在 1988 年，残疾人咨询委员会的报告就指出，残疾人部门的人力资源开发工作处于薄弱环节。2003 年，成立了社会服务培训学院，从那时起开始为残疾人相关服务部门开设各种与残疾相关的培训课程。《2007—2011 赋权总体规划》提到，社会发展、青年及体育部和社会服务中心共同资助的职业评估部门和就业安置部门为残疾人提供职业评估、工作准备、安置和支持工作，并且受资助的八个庇护工场[②]（sheltered Workshops）通过改造工作场所和设施，为大约 1 300 多名中度残疾人提供了就业岗位。为了更好地了解就业形势与雇主的需求，委员会积极与雇主磋商，组织了一系列雇主小组讨论会。并且新加坡人力资源研究院对 43 家公司进行了调查，其中 18 家公司的残疾雇员超过 250 人，98%的雇主认为如果有适当的资格，残疾人同样具有良好的工作能力，95%的雇主对一些残疾人的工作表示满意。[③] 面临瞬息万变的经济形势，为保障残疾人顺利就业，总体规划推出“价值

① 新加坡社会及家庭发展部网站 https://app.msf.gov.sg/Portals/0/Files/EM_Chapter3.pdf.

② 是指为那些具有就业意愿而就业能力不足，无法在就业市场竞争的身心障碍者所成立的庇护性就业服务机构，支持其长期就业需要。

③ 新加坡社会及家庭发展部网站 https://app.msf.gov.sg/Portals/0/Files/EM_Chapter4.pdf.

链”就业框架，即评估体系、培训体系、安置体系和支持体系（见图 5—2）。

| 供给 | 价值链 | | | | 需求 |
| --- | --- | --- | --- | --- | --- |
| 残疾人 | 评估 | 培训 | 安置 | 支持 | 行业识别 |
| • 特殊教育学校的学生<br>• 主流教育学校的学生<br>• 先天性和获得性残疾人 | • 职业和培训评估 | • 基于需求的培训<br>• 全失能<br>• 与培训提供者相关联<br>• 培训和安置 | • 咨询<br>• 安置<br>• 支持 | • 提高增能<br>• 支持就业<br>• 培训主管和同事 | • 金融服务<br>• 食品制造<br>• 餐饮<br>• IT<br>• 物流<br>• 酒店<br>• 零售 |
| | 父母支持 | | | 雇主网络 | |

产出

| 公开就业 | 庇护就业<br>• 面向那些长期不适合公开就业的人<br>• 面向那些短期不适合公开就业的人 |
| --- | --- |

图 5—2　“价值链”就业框架

资料来源：新加坡社会及家庭发展部网站 https://app.msf.gov.sg/Portals/0/Files/EM_Chapter4.pdf.

## （一）准确评估

新加坡的职业评估部门（the Vocational Assessment Division）和就业安置部门（Job Placement Division）利用一整套可靠、健全的评估工具对残疾人的就业能力和潜力进行准确的评估。评估结果将作为残疾人选择去庇护工场或是在公开岗位接受培训与再培训的主要依据。委员会建议主要进行的评估模式有两种：第一种是采取双管齐下的评估办法。第一阶段应该对残疾人现有的能力进行评估，并为接下来的培训和再培训提出建议，并且提倡职业评估应该被纳入特殊学校的学习课程之中。第二阶段是评估何种类型的工作培训适合该残疾人，委员会建议残疾人应该有机会去参加专业技能培训计划，这将确保他们有最新的技能去参与平等竞争。第二种评估将提供三项独立的计划分别服务于那些身体和感官残疾人、发育性残疾人和房间隔缺损（Atrial Septal Defect，简称 ASD）患者，这要求为残疾人提供具有专业化的行业培训，来保证残疾人的需求和能力得到更加合适的开发。[①]

（二）充分培训

经过了上一个阶段的准确评估之后，残疾人会通过相应的、具体的、专项的技能培训来接受各个行业的市场需求检验。职业评估部门和就业安置部门与重要的培训者共同制定实习计划并安排就业渠道。经雇主反馈，残疾人可以进入相关行业进行培训实习。委员会发现，残疾人在食品制造业的具体工作中实习，可以得到更好的培训。因此，根据人力资源部提出的需求，新加坡标准生产创新局（SPRING Singapore）与志愿性福利团体共同建立了一个食品制造业训练中心，为残疾人提供更好的培训。从 2007 年开始，每年将从培训中心预计招收 100 名残疾人进入食品制造业工作。此外，在当下的信息数字化时代，信息技术行业的技能和知识对残疾人就业也非常重要。新加坡社会及家庭发展部和信息技术公司共同为残疾人制订了学徒计划（IT Apprenticeship Programme），让残疾人在信息技术行业进行相关培训。这项计划每年预计培训 160 名残疾人并颁发证书。同时，新加坡全国职工总会正在建立一个技能发展学

① 新加坡社会及家庭发展部网站 https://app.msf.gov.sg/Portals/0/Files/EM_Chapter4.pdf.

院，为学生提供各种职业培训，使残疾人具备各种行业所需的职业技能。[①]《2007—2011赋权总体规划》指出，一些志愿性福利团体（VWO）的参与者认为现有的职业培训计划并不适用于所有残疾人，应该进一步扩大培训范围和就业选择，开发新的培训课程，尝试新的残疾人工作领域。

（三）合理安置

残疾人经过专门的培训之后，价值链的下一步工作就是就业安置。就业安置有两种模式：第一种是在培训中心直接安排就业，例如食品制造业培训中心或技能发展学院；第二种是在职业评估和工作安置的二次评估下，确定残疾人最合适的工作类型。最合适的工作类型可能是职位空缺的公开就业岗位，或者是有合适工作的庇护工场，或者在家就业。庇护工场是政府为不能在公开岗位工作的残疾人提供的另外一种形式的就业渠道。他们为残疾人提供就业和职业培训，通过分包工作，学员同时可以得到相应的报酬。同时，为无法在庇护工场环境下工作的或有可能在公开岗位就业的残疾人评估并介绍其他的就业方案。庇护工场实施明确的指导方针，要求工资与工作的薪金相匹配。在庇护工场工作，60%受雇用的残疾人每个月可以赚到300美元。以家庭为工作场所的就业被视为自营职业，但是，选择这种就业方式需要考虑在经济上是否可行。[②]

（四）财政支持

“价值链”就业框架的顺利实施离不开财政资金的支持，政府为雇用残疾人的公司设立了专门的资金支持计划，被称为启动基金

①② 新加坡社会及家庭发展部网站 https://app.msf.gov.sg/Portals/0/Files/EM_Chapter4.pdf.

(Enable Fund)。到2006年7月该资金已经帮助41名残疾人重新就业，2007年1月，已经有超过126 000新元的资金用来改善残疾人的工作场所，对雇员和雇主进行培训。并不是只要雇用残疾人的公司就可以获得资金补助，如果雇主A现雇用了一名残疾人，他还需要再雇用3名才能有资格获得资金支持，这个资金的最高额是15 000新元（每位新雇员5 000新元）。[①]

## 三、对于家庭的支持服务

家庭作为关怀与照顾残疾人的主体，家庭照顾者在残疾人生活中扮演着重要的角色，对于那些重度残疾人，照顾他们的日常生活可能会成为家庭照顾者的终身责任。如果没有相应的家庭支持服务、财政投入以及精神服务，家庭也会陷入自身难以克服的困境。针对家庭照顾者所面临的经济、精神、生活与护理等多方面的压力，总体规划中提出两种方案：一是建立残疾护理中心，二是增加家庭照顾者服务与支持方案。

第一，建立残疾照顾者中心。据预测到2030年，新加坡65岁以上的老年人将达到20%，老龄化所带来的老年痴呆、中风、心脑功能障碍等病症势必会提高残疾人口的比例。目前，新加坡只有一家由妇女福利协会（AWWA）于2006年4月成立的看护中心，该中心主要依靠社会发展、青年及体育部和全国社会服务中心的资助，但是面对人口老龄化程度不断提升和残疾人群体需求越来越多的现状，一个看护中心即使再努力，也无法满足当下的社会需求，因此必须建立其他专业化的残疾护理中心。残疾护理中心与相关部门相互合作，提供以下服务：（1）为家庭照顾者提供普遍性服务；

① 新加坡社会及家庭发展部网站 https://app.msf.gov.sg/Portals/0/Files/EM_Chapter4.pdf.

涉及家庭照顾者的公共教育、指导服务、信息服务、健康与福利的服务和社区的支持服务；（2）针对管理和降低风险的选择性服务：利用现有的社会网络资源，通过一系列社会支持、社区参与和有针对性的公共宣传活动，解决部分家庭照顾者出现的抑郁、狂躁、倦怠以及社会孤僻等心理问题；（3）提供集中化、专业化、多样化的服务：为家庭照顾者提供约六个月的家庭管理与康复技能服务，以及相关心理健康与咨询服务。在此方面，每年至少有 140 个家庭从中受益。

第二，加强现有家庭支持方案和服务。研究表明，残疾人容易过度依赖他人照顾，而且在进行护理的过程中，需要有经过专业训练的人员来帮助残疾人解决情感问题和行为障碍。总体规划委员会提出可以让有经验的父母与社会工作者、技能熟练的家庭照顾者共同参与培训服务方案，同时应该训练一批有经验的照顾者成为志愿者来为其他护理中心服务。照顾者的培训方案应该涉及父母、兄弟姐妹等家庭成员的个人教育和护理计划，保障残疾人在家庭中获得护理的持续性。与此同时，为了保证计划的顺利展开，委员会还建议设立了照顾者培训补助金，并且增加对转诊服务的支持，以及建立一站式财政支持机构，保证他们的财政安全。成立专门面向残疾人的信托计划，为保障残疾人家庭的经济稳定提供新的途径，希望残疾人能够考虑不同的选择来获取更好的服务和教育。[①]

## 四、以社区为依托的服务和家庭护理

新加坡残疾人可以独立、有尊严地生活在社区之中，这里有无

① 新加坡社会及家庭发展部网站 https://app.msf.gov.sg/Portals/0/Files/EM_Chapter5.pdf.

障碍的公共环境，对残疾人及其家庭充足的服务和支持。除了家庭照顾者之外，残疾人委员会还成立了专门的小组，对残疾人进行采访，收集他们对于现有的基于社区的服务和家庭护理的意见，以及未来五年内能够被满足的需要。通过一系列的战略计划，委员会希望今后能实现三个预期成果：增加获得社区服务的机会；促进残疾人融入社会并改善其生活质量；赋权家庭作为社区的第一线支持。具体说来，主要包括以下三点：

第一，提高现有的服务层次，将家庭服务真正深入残疾人家庭。为了解决没有足够的定期上门服务问题，委员会建议扩展现有的基于住宅的残疾人服务项目，解决生活在自己房屋中的残疾人的日常生活困难，这些服务包括：家务助理服务（例如护送服务、洗衣、餐饮等）、家庭改装服务、家庭护理与治疗服务、家庭培训与护理人员咨询服务等，这将确保残疾人尽可能长时间地居住在自己的家庭，并进一步为家庭照顾者提供支持，提高残疾人家庭的生活质量。

第二，扩展残疾人日间护理中心的服务。①延长残疾人日间护理中心的开放时间，因为有许多残疾人的家庭照顾者在日间不得不参加工作来维持生计。②发挥日间护理中心在促进自闭症残疾人和行为障碍残疾人融入社会中的作用，培养他们适应新环境的能力，实现从家庭到中心再到社会的转变。

第三，为残疾人提供住宅选择的权利。委员会注意到，当今残疾人只有两个住宿护理选项：旅社和家庭，因此，建议扩大住宅选择范围。①向美国、英国、瑞典、澳大利亚和日本学习，为残疾人与老年人建设有辅助设施的住宅，延伸现有的辅助生活住宅单元；

②为“过渡培训者”建立残疾人宿舍；③为特定残疾人，如严重自闭症患者提供更小、更易于管理的集体住宅，集中照顾他们的日常生活，提高他们的社交技能。[①]

## 五、无障碍环境的建设

无障碍设施是指保障残疾人、老年人、孕妇、儿童等社会成员通行安全和使用便利，在建设工程中配套建设的服务设施，包括无障碍通道（路）、电（楼）梯、平台、房间、洗手间、席位、盲文标识和音响提示以及通信、信息交流等其他相关生活的设施。无障碍设计是现代社会文明的体现，是现代城市建设发展的要求。《2007—2011 赋权总体规划》中指出，为了确保残疾人充分参与社会生活，应该在私人和公共建筑、室内和室外设施，包括学校、医院、商场、工作场所、私人楼宇等完善无障碍设施。残疾人咨询委员会还建议政府加快实施轮椅无障碍的公共交通系统，确保能够在 2023 年实现。

新加坡城市生活空间内的无障碍设计以合理实用为基础，以通用、细致为目标，真正落实以人为本的理念，营造出系统、精致、和谐的城市无障碍环境。新加坡政府建立了连续性强、标识性突出的无障碍服务系统，各种交通方式的转乘均做到健全人士与残障人士的顺利通达。例如：（1）交通枢纽中丰富的无障碍系统。新加坡交通枢纽站内最令人印象深刻的是清晰醒目且位置合理的标识。步行通道分岔处均设有指示牌，且指示牌上会明确标出各种无障碍设施的方位，无障碍卫生间、无障碍电梯、无障碍出入口等也会在易于看见的地方设置标识，充分起到引导作用。（2）连续舒适的衔接

① 新加坡社会及家庭发展部网站 https://app.msf.gov.sg/Portals/0/Files/EM_Chapter6.pdf.

设施。组屋住宅区出入口与城市道路的接合充分体现了无障碍设施的连续性，组屋住宅的底层一般是架空的，在住宅区内形成连续的人车完全分流的步行系统。人流由组屋住宅区出入口到城市道路人行道，再到路边的公交停靠站的步行设施，以连廊或缓坡形式连续铺设，并以坡道和无高差设计作为辅助手段，形成无障碍步行体系，满足无障碍出行需求。（3）合理适用的盲道设施。新加坡盲道设置非常注重合理性和适用性，体现了盲道铺设不在于多而在于精的精髓。在换乘通道、站台、出入口及进出闸机、电梯、洗手间、售票机等处均设有连续的盲道。①

## 第四节　新加坡残疾人社会保障项目

### 一、公共性残疾人障碍补偿计划

（一）残疾人辅助技术基金（Assistive Technology Fund）

残疾人需要辅助器械来弥补他们生理上的功能缺陷，这对于经济条件较差的残疾人群体来说无疑进一步加大了生活负担。为此，新加坡设立了残疾人辅助技术基金，为残疾人提供补贴购买、更换、升级或修复必要的辅助设备和配件。辅助技术设备的使用，能够保持或改善残疾人士的功能障碍，以帮助他们在早期干预、教育、培训、就业、治疗、康复中得到良好的效果，能够独立的解决一些日常生活问题。

申请残疾人辅助技术基金必须符合以下所有标准：（1）申请人是新加坡公民或永久居民。（2）家庭人均月收入 1 800 新元及以下。

① 张晓，李朝阳，陈启宁．新加坡城市交通无障碍设计及启示［J］．现代城市研究，2012（8）：27-34.

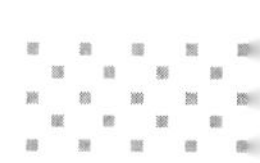

(3) 有下列任何一种的永久性残疾证明：身体残疾、视觉障碍、听力障碍、智力残疾、自闭症谱系障碍。(4) 最后经过评审员进行资格评估，以确定是否符合资格和所需设备类型。申请成功的残疾人，根据其自身情况可获得一笔补贴，补贴率最可高达 90%，终身补贴上限为 40 000 新元，该基金不支持购买医疗器械和耗材（见表 5—1）。

**表 5—1　残疾人辅助基金补贴标准**

| 家庭人均月收入（新元） | 补贴率（%） | |
| --- | --- | --- |
| | 新加坡公民 | 永久居民 |
| 0～700 | 90 | 65 |
| 701～1 100 | 65 | 50 |
| 1 101～1 800 | 40 | 30 |
| 1 800 以上 | 0 | 0 |

资料来源：新加坡 SG 赋能网站 https://www.sgenable.sg/pages/content.aspx? path =/faq/schemes/assistive-technology-fund-faq.

（二）残疾人出租车补贴计划（Taxi Subsidy Scheme）

新加坡残疾人可以申请高达 50%的出租车费补贴，每月报销到指定的银行账户。被批准的申请者将获得一张个性化的易通卡来支付出租车费用。补贴金额将取决于申请人是否为新加坡公民或永久居民、家庭人均月收入、从家到学校或工作场所的距离。申请者必须满足以下几个条件：(1) 残疾人士，经医学鉴定为无法乘坐公共交通工具，完全依赖出租车去上学或上班；(2) 家庭人均月收入 1 800 新元以下，并是新加坡公民或永久居民；(3) 目前工作或正在接受教育；(4) 目前无车辆（见表 5—2）。

表 5—2 残疾人出租车补贴标准

| 家庭人均月收入（新元） | 补贴率（%） | |
|---|---|---|
| | 新加坡公民 | 永久居民 |
| 0～700 | 50 | 25 |
| 701～1 100 | 40 | 20 |
| 1 101～1 600 | 30 | 15 |
| 1 601～1 800 | 20 | 10 |
| 1 801 以上 | 0 | 0 |

资料来源：新加坡 SG 赋能网站. https://www.sgenable.sg/pages/content.aspx?path=/faq/schemes/taxi-subsidy-scheme-tss-for-persons-with-disabilities/.

（三）残疾人士公共交通优惠计划（Public Transport Concession Scheme for Persons with Disabilities）

在残疾人士的公共交通优惠计划下，持卡人可以享受以下福利：①享受以成人票价 25%或者更多的优惠便能够获得所有基本公交服务；②出行距离超出 7.2 千米以上部分免费；③可以选择购买 60 新元一个月的高峰时段无限制的公交车和火车出行特许权，或者每月 40 新元非高峰时段无限制的基本公交服务和火车出行特许权。新加坡公民或永久居民，年龄在 7 岁至 60 岁之间，并满足以下条件之一：①永久性残疾人并且是提供残疾人服务相关的志愿性福利组织的成员或者服务用户；②参加由志愿性福利组织举办的特殊教育学校；③须医学认证有下列任何一种永久性残疾：身体残疾、视觉障碍、听力障碍、智力残疾和自闭症谱系障碍，① 即可申请残疾人公共交通优惠计划以保证残疾人出行便利。

（四）紧急短信热线服务（Emergency Short Messaging Service Helpline Services）

---

① 新加坡 SG 赋能网站 https://www.sgenable.sg/Pages/content.aspx?path=/schemes/transport/public-transport-concession-scheme-for-persons-with-disabilities/.

紧急短信热线服务由新加坡警察局（SPF）、新加坡民防部队和全国社会服务委员会（NCSS）联合倡议开通。具有听力或言语障碍的人在使用移动电话联系紧急服务时可能遇到困难。因此，紧急短信热线服务允许有听力或言语障碍的人在紧急情况下与新加坡警察局和新加坡民防部门沟通，为他们提供专门的求助通道，以保证他们的紧急情况得到及时处理，确保人身财产安全，维护其合法权益。

申请条件：只要是有听力障碍或言语困难的残疾人，新加坡公民、新加坡永久居民或外国人中，都可以申请紧急短信热线服务。未成年人（18 岁及以下）想申请此项服务，必须要征得其父母或监护人的同意。①

（五）残疾人的信托和储蓄选择（Trust and Savings Options for Persons with Disabilities）

新加坡成立了专门的信托机构——特殊需求信托公司（The Special Needs Trust Company，简称 SNTC），它属于非营利性的信托公司，为残疾人士提供信托服务。来自特殊需求信托公司的个案经理与家庭一起为残疾人制订护理计划，为他们的日常住宿和生活领域提供良好的服务。家长们还可以通过特殊需求储蓄计划来满足残疾人子女长期护理的需要。

1. 护理计划（Care Plan）

特殊需求信托公司会协助护理人员对残疾人的全面需求进行评估。如果主要护理人员不能够再继续提供照顾和支持，那么护理计

① 新加坡 SG 赋能网站 https://www.sgenable.sg/pages/content.aspx? path=/schemes/emergency-short-messaging-service-sms-helpline-services/.

划应该为残疾人安排可选择的替代照料和经济需求。除此之外，特殊需求信托公司与护理人员一起审查护理计划并进行更新，以了解残疾人不断变化的需求。

2. 信托服务（Trust Services）

设立残疾人信托基金账户至少需要 5 000 新元，并可以随时为账户充值。看护人以一种意向书的形式提出自己的意愿，并且了解信托基金如何通过管理和支付来满足受益人的日常生活需求。该信托服务由政府担保，在看护人死亡或者丧失劳动能力时，信托基金将被激活。特殊需求信托公司将会进行家访，对受益人进行及时需求评估，对护理计划采取后续行动，资金将按照意向书中的规定每月或者定期支付。当出现受益人死亡、信托基金在受益人死亡之前被充分利用或用尽、受益人不再居住在新加坡的任意一种情况时，信托将会被终止。①

3. 特殊需求储蓄计划（Special Needs Savings Scheme，简称 SNSS）

特殊需求储蓄计划由社会及家庭发展部（MSF）与中央公积金委员会（CFPB）合作开发，使家长能够预留出一定的中央公积金储蓄以能够为那些有特殊需要的儿童提供长期护理。在特殊需求储蓄计划下，家长可以指定他们的子女，当父母去世时，那些符合 SNSS 资格条件的②、具有特殊需求的被指定子女，将会收到预先确定的每月支出，直到已故父母的储蓄用尽。每位被指定子女每月最

---

① 新加坡特殊需求信托公司网站 https://www.sntc.org.sg/Pages/trust_setup.aspx? MainMenu=Trust%20Services

② SNSS 资格条件包括第一，提名申请人必须是新加坡公民或者永久居民，该父母或法定监护人的子女具有特殊需要；第二，残疾人必须满足以下条件中的任何一个：至少需要一项“日常生活活动”（洗漱、喂食、穿衣、如厕、移动、转移）需要被满足或者准备/已经进入特殊教育学校。

低中央公积金支出为 250 元。父母可以决定是否提高标准。该计划没有最低注册余额，但参与该计划的父母所拥有的“公积金”在父母死亡时的储蓄必须足以支持其子女一年的支付额（例如，最低每月支出为 250 新元×12 月＝3 000 新元），如何在父母死亡的情况下，不符合该条件条件，则中央公积金的储蓄将一次性支付给被指定人。

（六）发育障碍残疾人登记身份证（Developmental Disability Registry Identity Card，简称 DDR ID Card）

有发育障碍残疾人的家庭照顾者经常需要密切关注该残疾人的安全和健康。发育障碍残疾人登记身份证由发育障碍残疾人登记处注册产生，该登记处由全国社会服务中心（NCSS）管理并向他们提供适当的帮助。卡上的信息将有助于公众识别此类残疾人并为他们提供必要的帮助，这样就加强了残疾人的安全和保护，以使家庭照顾者更加安心。另外，持卡人还可以享受其他服务和设施的优惠。申请者应该为新加坡公民或者永久居民，并且被诊断为医学认证的永久性残疾，21 岁以下的残疾人需要家长/法定监护人的同意才能申请。[①]

## 二、分群体的残疾人相关服务

（一）儿童（0～6 周岁）

1. 残疾儿童之家（Children Disability Homes）

残疾儿童之家为那些被忽视的残疾儿童或照顾者无法照顾的残疾儿童提供长期住宿照顾。同时，还为那些家庭无法在短时间内为

---

① 新加坡 SG 赋能网站 https://www.sgenable.sg/pages/content.aspx? path=/schemes/developmental-disability-registry-identity-card/.

他们提供护理的残疾人提供短期或暂时的护理。在残疾人儿童之家中，孩子们可以接受治疗、训练和享受娱乐活动，以最大限度地发掘他们的潜力。

申请条件：年龄在16岁以下的新加坡公民或永久居民被诊断患有以下性质的先天性残疾：发展、智力（IQ水平小于80）、肢体、感官，或者患有上述多种残疾的组合。具有后天性残疾的申请人将根据具体情况考虑。若申请人没有传染病，并且患有需要密切监视和护理的严重精神病或严重行为问题，则该申请人将会被排除在外。

2. 启发补助计划（Development Support Programme，简称DSP）

启发补助计划为有轻度发展障碍的学龄前儿童（尤其是幼儿园一年级和二年级）提供提早介入计划，包括安排学习辅导师、临床专家和治疗师到学前教育中心，为他们提供短期的辅导和矫正训练的计划，支持和干预他们的语言表达、社交技能、运动技能、行为和识字等领域，为学龄前儿童提供适当的学习技能，以优化他们的发展潜能（见表5—3）。

在启发补助计划下提供两种类型的直接支持：

（1）学习支持

学习支持由受过专门训练的专业早期儿童辅导人士提供，这些专业人士被称为学习支持教育者。通过专业的评估，为儿童安排适合的教育计划，制定相关课程。

（2）治疗干预

有特殊需要的儿童会得到受过训练的治疗师的治疗和干预。此后，学习支持教育者将继续提供同类支持。

表 5—3　　　　　　　　　　启发补助计划内容

| | 学习辅助配套 | 介入治疗配套 |
| --- | --- | --- |
| 支持时间 | 6 周或 10 周 | 10 个干预周+学习支持教育者提供的 5 周的同类支持 |
| 支持领域<br>每次根据需要确定一个优先支持（最多两个支持可以超过两年） | 识字技能<br>语言能力<br>社交技能<br>手写技巧 | 职业治疗<br>语音和语言治疗<br>扫盲和学习支持<br>心理服务 |
| 支持成果 | 个性化教育计划（IEP） | |
| 会话模式 | 个性化/小组/课堂 | |
| 频率 | 每个会话最多 1 小时，每周一次 | |

资料来源：新加坡 SG 赋能网站 https://www.sgenable.sg/pages/content.aspx? path=/for-children/development-support-programme-dsp/.

申请条件：儿童必须是学前班（通常是幼儿园 K1 级和 K2 级）的学生；必须为新加坡公民或永久居民。

参加婴儿和儿童早期干预计划（EIPIC）或综合儿童护理计划（ICCP）的儿童不能参加该计划（DSP）。①

3. 婴幼儿早期干预计划（Early Intervention Programme for Infants & Children，简称 EIPIC）

婴幼儿早期干预计划（EIPIC）为有特殊需要婴幼儿提供治疗和教育支持服务，有助于开发其运动、沟通、社交、自助和认知技能，孩子的进步将通过与父母共同制订个人的教育计划来进行监控与反馈。儿童通过训练最大限度地发挥其潜力，并且尽量减少二次残疾的发展。

申请条件：6 岁及以下的；新加坡公民或永久居民；诊断为发

① 新加坡 SG 赋能网站 https://www.sgenable.sg/pages/content.aspx? path=/for-children/development-support-programme-dsp/.

育、智力、感官或身体残疾或多种残疾的组合。参与 EIPIC 的儿童应该由 KK 妇女儿童医院（KKH），国立新加坡大学医院（NUH）或新加坡综合医院（SGH）的儿童发展单位（CDU）的医生推荐。①

4. 综合儿童保育计划（Integrated Child Care Programme，简称 ICCP）

综合儿童保育计划由儿童护理中心运营，社会及家庭发展部（MSF）提供资金支持，旨在为残疾儿童提供一个与同龄人一样的学习、娱乐和社交的自然环境，为有特殊需要的儿童提供包容性托儿服务，监测每个儿童的发展过程，定期举办家长—教师反馈会议，及时沟通了解孩子的情况，为将来进入主流教育做好准备，每个中心最多可以允许 10 名有特殊需要的儿童参加。

申请条件：2～6 周岁的新加坡公民或永久居民；诊断为轻度至中度残疾，例如身体、听力、视觉或言语障碍或发育迟缓等。②

（二）儿童及青少年（7～16 周岁）

1. 教育与学习支持计划（Education & Learning）

为有特殊需要的儿童及青少年提供特殊教育学校和普通教育学校的支持。

（1）特殊教育学校（Special Education，简称 SPED）

特殊教育学校为符合条件的残疾儿童及青少年提供教育。特殊教育学校由接受教育部资助的志愿福利团体（VWOs）管理。在新加坡共有 20 所特殊教育学校，他们提供不同的学习计划和教育服

---

① 新加坡 SG 赋能网站 https://www.sgenable.sg/pages/content.aspx? path=/for-children/early-intervention-programme-for-infants-children-eipic/.

② 新加坡 SG 赋能网站 https://www.sgenable.sg/pages/content.aspx? path=/for-children/integrated-child-care-programme-iccp/.

务，以适应不同的残疾儿童群体。

（2）普通教育学校中的特殊教育

新加坡教育部支持普通学校对具有轻度特殊教育需求的学生，例如阅读困难、自闭症谱系障碍（ASD）和注意缺陷多动障碍等，提供相应的特殊教育服务，并且向所有普通小学和中学的核心教师队伍提供专业培训。

2. 职业培训（Vocational Training）

为了增强残疾人的就业能力，有特殊需要的青少年可以在完成小学教育后申请职业培训学院（提供工作培训的学校），而不是普通学校。在这些学院，学生通过学习工作技能，接受职业培训，提高自己的就业能力，帮助他们毕业后进入社会就业。可以提供职业培训的机构有：新加坡视力障碍者协会（SAVH）、新加坡聋哑协会（SADeaf）、新加坡、自闭症协会、唐氏综合征协会等。

3. 特殊学生护理中心（Special Student Care Centres，简称 SS-CC）

特殊学生护理中心（SSCC）为正在接受普通或特殊教育的 7 至 18 岁残疾学生提供学前和课后护理服务。护理服务还包括用于独立生活的教育支持、社会和生活技能支持，并且提供相应的学生护理费补助（Student Care Fee Assistance，简称 SCFA）。

申请人必须符合以下标准：学生必须是新加坡公民或永久居民，如果学生是永久居民，至少有一个直系亲属必须是新加坡公民；年龄介于 7 至 18 岁；参加普通或特殊教育学校；由医生证实，确认学生残疾；每月家庭总收入少于 4 000 新元，人均家庭收入少于 1 000 新元。[①] 具体补贴标准见表 5—4。

表 5—4 特殊学生护理费用补贴标准

| 家庭有 4 位及以下直系亲属（新元） | 家庭有 5 位以上直系亲属（新元） | 补贴比率（%）（计算补贴金额时，SSCC 费用×补助百分比） |
|---|---|---|
| 家庭每月总收入（HHI） | 人均总收入（PCI） | |
| ≤1 500 | ≤375 | 98 |
| 1 501～2 000 | 376～500 | 95 |
| 2 001～2 200 | 501～550 | 90 |
| 2 201～2 400 | 551～600 | 80 |
| 2 401～2 600 | 601～650 | 70 |
| 2 601～2 800 | 651～700 | 60 |
| 2 801～3 000 | 701～750 | 50 |
| 3 001～3 200 | 751～800 | 40 |
| 3 201～3 400 | 801～850 | 30 |
| 3 401～3 500 | 851～875 | 20 |
| 3 501～4 000 | 876～1 000 | 10 |

资料来源：新加坡 SG 赋能网站 https://www.sgenable.sg/pages/content.aspx? path =/for-youths/special-student-care-centres/#arror2.

（三）成年人（16～55 周岁）

申请以下服务需满足的基本条件有：1. 16 岁至 55 岁的新加坡公民或永久居民（对于永久居民，至少有一个直系亲属，即父母或兄弟姐妹，必须是新加坡公民）；2. 诊断为以下性质的先天性残疾：身体、感官发育、智力状况（IQ 水平小于 70）自闭症或其他发育状况，或上述两种及以上的组合；后天残疾的申请人将根据具体情况予以考虑；3. 如果申请人满足以下一个或多个条件，将被排除：未经治疗的传染病；患有需要密切监视和护理的严重精神病或严重

① 新加坡 SG 赋能网站 https://www.sgenable.sg/pages/content.aspx? path =/for-youths/special-student-care-centres/#arror2.

行为问题。[①]

1. 成年残疾人之家（Adult Disability Homes）

成年残疾人之家旨在为那些被忽视或其照料者无法给予照顾的成年残疾人提供长期住宿照顾，并且通过治疗、培训和娱乐活动来最大限度地发挥成年残疾人的能力。允许残疾人进入成年残疾人之家被视为符合残疾人利益前提下的最后手段，因为他们提倡鼓励和协助残疾人尽可能长时间在社区居住。满足基本申请条件即可申请该项照顾服务。[②]

2. 成年残疾人旅社（Adult Disability Hotels）

成年残疾人旅社为残疾人提供了一个替代性住宿场所，适合那些有较高职业水平，不需要机构护理与照顾，但由于不明原因无法与家人住在一起的成年残疾人。旅馆还提供短期的基于住宿的工作和生活技能培训，这种培训可以帮助残疾人能够从自己的家里或在社区生活的替代形式中恢复独立生活。

除满足基本申请条件以外，申请人还必须满足以下条件：①申请人应具有高度的职业水平，能够在日常生活活动中独立，并且在洗漱、穿衣、喂食、如厕、移动和转移方面不需要接受任何人援助，并且能够独立旅行；②必须具有良好的独立的生活和工作技能。[③]

3. 社区之家（Community Group Homes）

社区团体家庭使残疾人能够独立生活在指定的出租公寓，并改

---

① 新加坡SG赋能网站 https://www.sgenable.sg/pages/content.aspx? path=/for-adults/.

②③ 新加坡SG赋能网站 https://www.sgenable.sg/pages/content.aspx? path=/for-adults/homes-for-adults-with-disabilities/.

装残疾人设施，适合想要独立生活并逐渐适应公共生活的残疾人士。旨在通过社会包容性的改善提高残疾人的生活质量，加强以社区为基础的支持，以协助残疾人在社区的生活，促进残疾人的相互支持，利用现有的社区服务和网络来支持社区中的残疾人。

除满足基本申请条件以外，申请人还必须满足以下条件：申请人必须有工作；能够适合集体生活。

4. 日间活动中心（Day Activity Centres）

日间活动中心为那些16岁至55岁无法从事公开就业或参加庇护工场的人提供服务、护理和技能培训，促进他们认知、社交、沟通、语言和运动技能的发展，包括过渡到车间就业所需的技能，并提供物理治疗和职业治疗，最大限度地发挥其独立性和潜力。满足基本申请条件即可申请。

5. 家庭护理服务（Home Based Care Services）

家庭护理服务的目标是使成年残疾人能够尽可能长时间生活并继续融入社区之中，他们提供替代性护理选择，服务包括治疗服务、个人卫生护理、家政服务、药物提醒服务等，不仅为残疾人提供各种服务而且也为家庭照顾者提供相关的支持服务。家庭护理服务适合于那些被评估为需要日常生活活动的成年残疾人。

除满足基本申请条件以外，申请人还必须满足以下条件：①日常生活活动（ADL）或日常生活工具活动（IADL）需要援助，并且缺乏执行任何家庭护理服务的行为或认知能力；②申请人根据其个人护理计划（ICP），每周需要6小时的家庭护理服务，包括至少

45 分钟或 75 分钟的治疗服务。[①]

6. 庇护工场（Sheltered Workshops）

庇护工场为残疾成人提供就业培训和自我丰富计划，以提高残疾人的实际就业能力。庇护工场还提供工作或任务，参与者还将在研讨会上获得宝贵的经验，从而改善他们的就业前景。满足基本申请条件即可申请。

7. 去残疾化项目（Drop-in Disability Programme）

去残疾化项目是以社区为基础，为成年残疾人提供社交、娱乐、治疗、培训活动，它旨在帮助残疾人继续保持积极参与和融入社区的热情，提高残疾人的生活质量。同时，该计划缓解了照顾者的压力。此项计划适合那些进行日常生活活动时有一些障碍，并且每周需要几小时的社交、娱乐、治疗活动以维持他们的状态的残疾人。

除满足基本申请条件以外，申请人还必须满足以下条件：低于 21 岁的残疾人需要父母/监护人的同意才能申请；申请人尽管在开展日常生活活动（ADL）时有一些限制但应该有足够的独立性；如果申请人患有可在社会公共环境中控制的传染病，申请人应由医生开具相关证明。[②]

新加坡有关残疾人的社会保障计划汇总见表 5—5。

---

① 新加坡 SG 赋能网站 https://www.sgenable.sg/pages/content.aspx? path=/for-adults/home-based-care-services/.

② 新加坡 SG 赋能网站 https://www.sgenable.sg/pages/content.aspx? path=/for-adults/drop-in-disability-programme/.

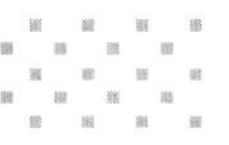


表 5—5　　新加坡残疾人保障计划汇总

| | 计划名称 | 主要内容 |
|---|---|---|
| 公共性残疾人障碍补偿计划 | 残疾人辅助技术基金（Assistive Technology Fund） | 为残疾人提供补贴购买、更换、升级或修复必要的辅助设备和配件 |
| | 残疾人出租车补贴计划（Taxi Subsidy scheme） | 残疾人可根据家庭人均月收入申请不同标准的出租车补贴 |
| | 残疾人士公共交通优惠计划（Public Transport Concession Scheme for Persons with Disabilities） | 根据不同的出行情况，残疾人选择不同的公共交通优惠，以方便出行 |
| | 紧急短信热线服务（Emergency Short Messaging Service Helpline Services） | 紧急短信热线服务允许有听力或言语障碍的人在紧急情况下与新加坡警察局和新加坡民防部门沟通，以保证他们的紧急情况得到及时处理 |
| | 残疾人的信托和储蓄选择（Trust and Savings Options for Persons with Disabilities） | 由新加坡特殊需求信托公司提供服务，主要包括：护理计划、信托服务、特殊需求储蓄计划 |
| | 发育障碍残疾人登记身份证（Developmental Disability Registry Identity Card，简称 DDR ID Card） | 发育障碍残疾人登记身份证由发育障碍残疾人登记处注册产生，卡上的信息将有助于公众识别此类残疾人并为他们提供必要的帮助 |
| 残疾儿童（0～6 岁）相关计划 | 残疾儿童之家（Children Disability Homes） | 为那些被忽视的残疾儿童或照顾者无法照顾的残疾儿童提供长期住宿照顾。同时，还为那些家庭无法在短时间内为他们提供护理的残疾人提供短期或暂时的护理 |
| | 启发补助计划（Development Support Programme 简称 DSP） | 为有轻微发展障碍的学龄前儿童（尤其是幼儿园一年级和二年级）提供提早介入计划，为他们安排学习辅导师、临床专家和治疗师到学前教育中心，并提供短期的辅导和矫正训练 |
| | 综合儿童保育计划（Integrated Child care programme，简称 ICCP） | 为有特殊需要的婴儿和幼儿提供治疗和教育支持服务，有助于开发孩子运动、沟通、社交、自助和认知技能，孩子的进步将通过与父母共同制定的个人教育计划来进行监控与反馈 |

续表

| | 计划名称 | 主要内容 |
|---|---|---|
| 残疾儿童（0～6岁）相关计划 | 婴幼儿早期干预计划（Early Intervention Programme for Infants and Children） | 安排2岁至6岁被诊断为轻度至中度残疾的儿童在护理中心与同龄正常孩子共同学习生活 |
| 残疾儿童及青少年（7～16周岁）相关计划 | 教育与学习支持计划（Education & Learning） | 为有特殊需要的儿童及青少年提供特殊教育学校和普通教育学校的支持 |
| | 职业培训（Vocational Training） | 有特殊需要的青少年可以在完成小学教育后申请职业培训学院，在这些学院，学生们通过学习工作技能，接受职业培训，提高自己的就业能力 |
| | 特殊学生护理中心（Special Student Care Centres，简称SSCC） | 为正在接受普通或特殊教育的7岁至18岁残疾学生提供学前和课后护理服务，并且提供相应的学生护理费补助 |
| 残疾成年人（16～55周岁）相关计划 | 成年残疾人之家（Adult Disability Homes） | 为那些被忽视或其照料者无法给予照顾的成年残疾人提供长期住宿照顾，并且通过治疗、培训和娱乐活动来最大限度地发挥成年残疾人的能力 |
| | 成年残疾人旅社（Adult Disability Hotels） | 为残疾人提供了一个替代性住宿场所，适合那些有较高职业水平，不需要机构护理与照顾，但由于不明原因无法与家人住在一起的成年残疾人 |
| | 社区之家（Community Group Homes） | 使残疾人能够独立生活在指定的出租公寓，并改装残疾人设施，适合想要独立生活并习惯公共生活的残疾人士 |
| | 日间活动中心（Day Activity Centres） | 为那些16岁至55岁无法从事公开就业或参加庇护工场的人提供服务、护理和技能培训 |
| | 家庭护理服务（Home Based Care Services） | 提供替代性护理选择，服务包括治疗服务、个人卫生护理、家政服务、药物提醒服务等，不仅为残疾人提供各种服务而且也为家庭照顾者提供相关的支持服务 |

续表

| | 计划名称 | 主要内容 |
|---|---|---|
| 残疾成年人（17～55周岁）相关计划 | 庇护工场（Sheltered Workshops） | 为残疾成人提供就业培训和自我丰富计划，以提高残疾人的实际就业能力，庇护工场还提供工作或任务，参与者还将在研讨会上获得宝贵的经验，从而改善他们的就业前景 |
| | 去残疾化项目（Drop-in Disability Programme） | 以社区为基础的中心，为成年残疾人提供社交、娱乐、治疗、培训活动，它旨在帮助残疾人继续保持积极参与和融入社区的热情，提高残疾人的生活质量 |

# 第六章

# 新加坡慈善事业

## 第一节　新加坡慈善事业历史沿革

作为一个多民族国家，新加坡各民族所占比重差距很大，其中华人占新加坡人口的绝大多数。新加坡 2010 年人口总计为 393.36 万人，各民族人民所占比重如图 6—1 所示。很明显，华人是新加坡人口构成的主体，因此，本部分重点介绍新加坡华人慈善。华人慈善事业有着将近两百年的发展历史，大体可划分为两个时期：被殖民时期和独立后新时期。

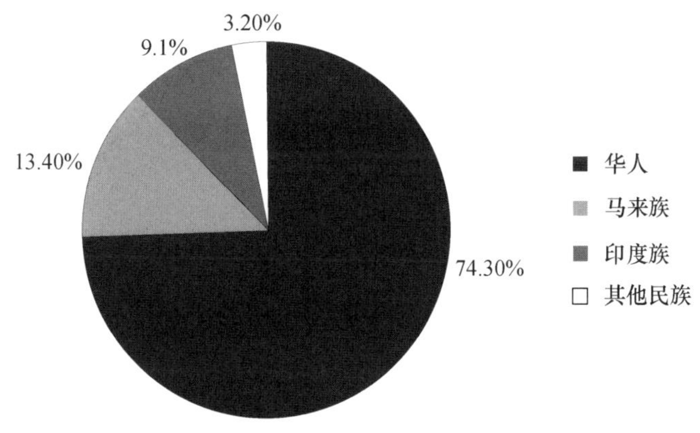


图 6—1　新加坡人口的民族构成

第一个时期为被殖民时期。处在英国殖民统治下的新加坡人民生活困苦，当时的华人亦是如此，加之华人作为移民不时遭受排挤，使其生活更加举步维艰。为了应对贫困、疾病等严峻的社会问题，新加坡华人创办了“义山”慈善组织，建立同乡会、慈善性医疗机构。这些慈善组织在帮助民众解决所面临的社会问题方面扮演着重要的角色，并以此为基础形成了华人社会自成一体的慈善救助体系。除了慈善组织之外，个人凭借善心为贫困群众捐款出力的现象屡见不鲜，这也是新加坡慈善的重要组成部分。

第二个时期为新加坡独立后新时期。新加坡于 1965 年正式独立，此后，政府在慈善中的作用日益突出，华人所承载的通过自发建立慈善组织、个人捐款实施社会救助的角色逐渐被新加坡政府所取代。为了应对新加坡民众所面临的贫困、疾病等社会问题，新加坡政府向包括华人在内的全体民众提供贫困救助、医疗救助、教育等社会福利，并在全社会建设便民利民的公共服务设施。为使慈善走向专业化、法治化发展道路，新加坡政府颁布《慈善法》，并建立了慈善行政长官（Commissioner of Charities，简称 COC）、慈善理事会（Charity Council）、全国志愿服务与慈善中心（National Volunteer & Philanthropy Centre，简称 NVPC）等慈善管理机构，对全国慈善事业进行规范化管理。这些慈善组织通过现代化的管理方法和运作模式，形成了与被殖民时期慈善不同的特点，推动了新加坡慈善事业的专业化、法治化进程。

纵观新加坡慈善事业的发展史，每一个发展阶段皆是每个时代的人民对慈善的需求所致。新加坡慈善事业的范围逐渐扩大、法治化进程不断推进、专业化不断发展，可以说慈善事业在新加坡将扮演越来越重要的角色。

# 第二节　新加坡慈善事业发展现状

经过长期的积累，在政府的引导、社会的支持、民众的参与之下，新加坡探索出了一条具有新加坡特色的慈善发展之路，慈善事业取得了显著成果。为了促进良好治理，确保监管合规、运行有序，新加坡政府与慈善组织相互合作，明确各自职责，合理规划发展蓝图，共同推动慈善事业蓬勃发展。

## 一、新加坡慈善组织的界定

新加坡对于“慈善团体”有着严格的规范与界定。慈善行政长官办公室指出：任何以非营利为基础经营，以慈善为目的而设立，并且开展一系列有利于公众活动的组织，可以在成立后三个月内向慈善行政长官申请注册“慈善团体”。“慈善团体”的主要目标是救助贫困群体，促进教育事业发展，促进宗教事业进步，或者进行一些其他有益于社会的活动，其中包括公认的一些活动，例如，促进健康；促进公民或社区发展进步；促进艺术、文物遗产或科学发展；促进环境保护或改善，救助那些有需要的青少年、老年、健康状况不佳、残疾、经济困难或存在其他方面困难的人群；促进动物保护事业以及体育健康事业发展。①

新加坡的“公益机构（IPC）”，是新加坡政府授予特定“慈善团体”的一种资质，大致相当于中国的公募基金会。捐赠者如果向这些机构捐款，就会获得个人所得税税前抵扣的待遇，这使得IPC能够吸引更多的捐助者进行慈善捐赠，因此这些组织在法规遵从性

---

①　新加坡政府慈善网站 https://www.charities.gov.sg/setting-up-a-charity/Pages/About-Charities-And-IPCs.aspx.

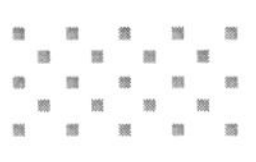


和治理严格性方面都被赋予了更高的标准。同时，“公益机构”服务于新加坡社会整体所需，且不受局部利益或者种族、信仰以及宗教人群的影响。[①]

截至 2015 年，新加坡共有 2 217 家注册的“慈善团体”和 633 家“公益机构”，慈善活动涉及社会生活与发展的方方面面（具体慈善组织种类见图 6—2、图 6—3），免税捐赠额由 2014 年的 11 亿美元增加到 14 亿美元，增长率高达 24%以上。[②]

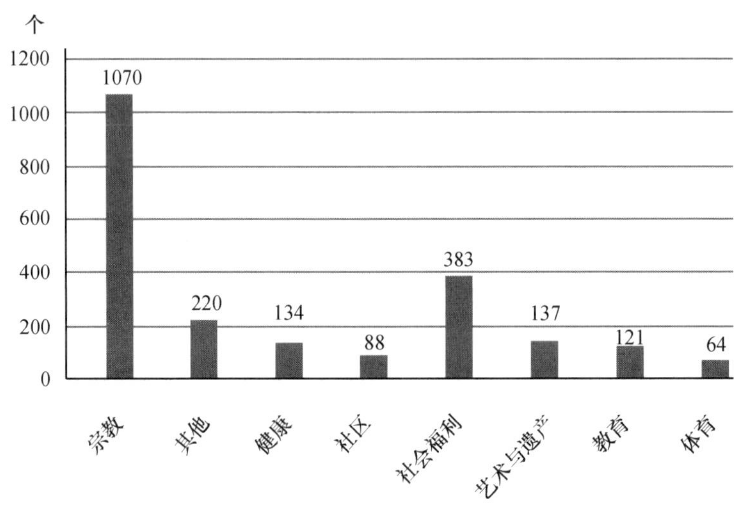


图 6—2　慈善团体分布图

## 二、新加坡慈善事业发展特点

### （一）政府主导型的治理模式

新加坡自独立以来，一直采取“强国家、强政府”的国家治理模式，政府机构简单、廉洁、高效，主导着国家各项事业与活动，

① 陆波. 论新加坡公益慈善组织监管机制：以 NKF 事件为例［J］. 河南师范大学学报（哲学社会科学版），2014，3（2）：45-49.

② Charities Unit，Ministry of Culture，Community and Youth. Commissioner of Charities Annual Report 2015.

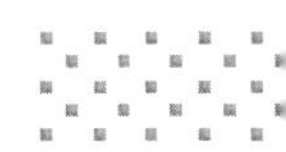

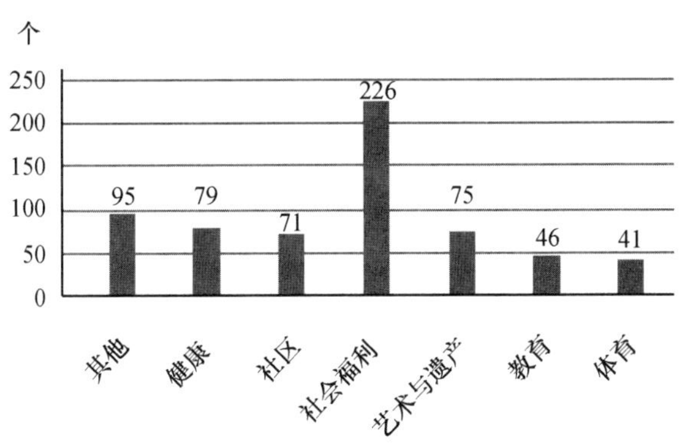


图 6—3 公益机构分布图

资料来源：Charities Unit，Ministry of Culture，Community and Youth. Commissioner of Charities Annual Report 2015.

社会治理的方方面面渗透着政府的影子，政府在经济与社会发展中发挥着不可替代的作用。因此，新加坡的慈善事业也是由政府主导，隶属于新加坡政府下的部门——全国福利理事会（NCSS），尤其是管理新加坡的各种社会组织和志愿性福利团体。为了进一步规范慈善事业的发展，新加坡政府倡议成立了由教育部、卫生部、社会及家庭发展部、人民协会、体育中心共同组成的跨部门联合委员会，并设立了专门的慈善行政长官，成立了慈善理事会，各部门之间密切合作，共同参与慈善事业的治理。同时，慈善组织的申请与注册、筹款与捐赠，均有着严格的程序，相关部门也陆续颁布了《慈善法》《慈善团体与公益机构监管准则》《慈善行业会计准则》《慈善团体从事商业活动指导原则》等法律规范，确保慈善事业能够在政府可控的范围之内健康发展。

（二）社会力量多方参与

新加坡在独立以前处于被殖民时期，人民生活困苦不堪，官方的慈善活动尚未发展起来，民间兴起了许多自发性质的慈善组织，如华人开办的善堂、同济医院、宗乡会馆等，它们开展一系列的社会救助、社会公共服务、贫困援助、教育与医疗促进工作，这股民间力量成为了当时慈善事业的主力军。虽然新加坡独立以后政府撑起了慈善事业的大旗，统筹慈善事业的发展，许多慈善组织也归政府管理，但是新加坡政府依然提倡“多方援手”的做法，鼓励更多的社会力量参与到新加坡的慈善事业中来。例如，由连氏家族成立的连氏基金会，倡议和实践“激进慈善”，把基金会的主要业务从奖、助、学等传统教育项目扩展到临终关怀、学前融合教育等领域，在新加坡掀起了一股新的慈善发展风气。在新加坡社会企业中心下注册的社会企业也积极参与慈善事业，开展慈善活动，至今已累计创造了200个就业岗位，改善了3 000多人的生活水平，社会企业与政府、慈善机构、志愿性福利团体相互配合、相互合作，为慈善事业贡献力量。

## 三、慈善事业管理部门

### （一）慈善行政长官

为了加强对“慈善团体”和“公益机构”的管理，指导慈善事业的发展，提高慈善事业的透明度，新加坡政府倡议设立了专门的慈善门户网站，成立专门的跨部门委员会，委任一名全职的高级公务人员为慈善行政长官。慈善单位（The Charities Unit），亦是前文所称的慈善行政长官的办公室，成立于2006年7月1日，以前是新加坡（IRAS）税务局的一部分，根据部际委员会关于规范慈善团体会和公益机构的建议，慈善行政长官办公室于2006年9月1日正式移交给社会发展、青年及体育部。委任慈善行政长官的目标是维护公共慈善组织的信任和信心；规范理事会成员和主要官员遵守对其慈善团体行政部门的控制和管理的法律义务；促进慈善资源的有效利用；加强慈善机构对捐助者、受益人和一般公众的问责。[①]

此外，有5个相关部门协助慈善行政长官监督各自部门下的慈善团体和公益机构，他们分别是教育部——监管与教育进步相关的慈善事业；卫生部——监管与促进健康有关的慈善事业；社会及家庭发展部——监管针对与健康不良、残疾、经济困难或其他不利因素有关的贫困救济或慈善需求；人民协会——监管与提高公民或社区发展有关的慈善对象；新加坡体育中心（前身为新加坡体育理事会）——监管与促进体育事业进步相关的慈善活动。

慈善行政长官办公室监督慈善团体和公益机构那些并不完全属于以上5个部门监管下的慈善事业，如艺术和遗产、动物福利、环境保护或改善、宗教事务等。[②]

（二）慈善理事会

为了协助慈善行政长官的工作，加强慈善事业管理，新加坡政府于2007年3月1日，在新的《慈善法》颁布之后设立了慈善理事会，该理事会每届任期两年。新加坡慈善理事会主要承担着以下几个角色：促进者——提倡并鼓励采用良好的治理标准，实行最佳的实践方案，增强公众对慈善部门的信心；推动者——帮助慈善组织提高其治理能力，使他们能够遵守监管要求，更加对公众负责；建议者——对于可能对慈善部门产生广泛影响的主要监管问题，向慈善行政长官提供针对性的意见或建议。

发展至今，新加坡已发展到第5届慈善理事会，任期从2015年

①② 新加坡政府慈善网站 https://www.charities.gov.sg/about/Pages/About-the-Commissioner-of-Charities.aspx.

3月1日至2017年2月28日，包括主席在内，由14名成员组成。其中9位成员来自民间领域部门（the people sector），通过充分发挥他们在财务、公司治理、企业家精神和法律方面的专长来为慈善事业贡献力量，他们还参与各种领域的志愿者和慈善工作，如艺术和遗产、社区、教育、卫生和社会服务。其他5名成员是来自各部门的行政官员，即教育部、卫生部、社会及家庭发展部、人民协会和新加坡体育中心的代表。

慈善理事会的徽标是蝴蝶的形状。蝴蝶具有高度的环境适应性，它表示转变和预示着新生活的开始。像蝴蝶一样，慈善理事会致力于适应慈善事业的变化，以履行其作为慈善组织的促进者、善政的推动者和慈善事务建议者的角色。像那些预示着新生活迹象的蝴蝶一样，慈善理事会也希望慈善部门为公众带来信心。同样，管理良好和有效的慈善组织也将成为给受益者带来希望的“蝴蝶”（见图6—4）。[①]

图6—4　慈善理事会徽标

（三）全国志愿服务与慈善中心

全国志愿服务与慈善中心是一个独立的非营利组织，通过促进志愿服务和慈善事业的发展，在新加坡营造慈善（捐赠）的社会文化氛围，致力于把新加坡建设成一座善良之城，并且促进与非营利组织、公司、公共部门、机构和个人的合作关系，以激励他们参与新加坡的志愿活动和慈善事业的建设。该组织致力于志愿服务与慈

① 新加坡慈善理事会网站 https://www.charitycouncil.org.sg/en/About%20Us/Introduction.aspx.

善事业的发展，并倡导把慈善（捐赠）文化融入每一位新加坡人的血液与细胞之中，通过连接、建立一些社会网络和共同体，增强在全国范围内的影响力，倡议并设立了一年一度的“总统志愿服务与慈善奖”。该奖项由新加坡总统授予，由全国志愿服务与慈善中心主办，并获得文化、社区和青年部（MCCY）以及全国社会服务中心的支持，用来表彰那些具有卓越奉献精神的新加坡人，这是对在艺术、环境、社会服务、体育、教育、医疗保健或其他有价值的事业上有所奉献的人的最高荣誉。该奖项能够激励更多的人参与到志愿服务和慈善事业中，推动慈善事业迈向更高的水平。[①]

## 四、新加坡慈善组织的运行与监管

新加坡慈善组织的运行与监管有着严格的规范与标准，政府对于“慈善团体”和“公益机构”的管理主要依据《慈善法》以及其他辅助性的法律规章。新加坡的《慈善法》颁布于1983年，并于2010年进行了最新的修订，该法律内容覆盖了所有慈善组织的申请与注册、筹资与募捐、财务与监管以及其他与慈善相关的活动。为了确保慈善事业的健康发展，做到有法可循、依法而治，新加坡政府还颁布了《社团法》《慈善事业收费管理办法》《惠益外国的捐赠管理办法》《募捐申请管理办法》《大型慈善事业管理办法》《慈善机构注册管理办法》等相配套的法律条文，与《慈善法》相辅相成，进一步规范和细化慈善组织的活动，共同构成了新加坡相对健全的慈善事业法律体系。

### （一）申请

根据《慈善机构注册规例》，机构须满足以下条件才能申请注

① 新加坡全国志愿服务与慈善中心网站 http://www.nvpc.org.sg/about-us.

册为慈善组织：该组织的目的或宗旨必须纯属慈善性质；该组织必须至少有 3 名理事会成员，其中至少有两位必须是新加坡公民或永久居民；该组织的目的或宗旨必须完全或总体上有益于新加坡社会的发展。①

此外，要申请注册为慈善团体的组织必须是一个法律实体，其身份需要符合以下几点：社会注册局（ROS）下的社团；在公司会计和公司监管局（ACRA）担保下的有限公司（CLG）；慈善行政长官办公室下属的信托组织。

同时，慈善团体中的理事会成员是该机构主要控制者和管理者，他们有责任确保慈善组织得到良好的运行和审慎的管理，以实现设立组织的宗旨与目标。因此慈善组织的理事会成员应确保满足以下条件：至少 18 岁；没有被取消作为公司董事的资格；没有被裁定犯有涉及不诚实或欺骗的罪行；未处于破产状态；未被取消由行政长官命令规定的能够担任慈善组织管理委员会成员、主要官员或受托人的资格。

如果慈善团体要申请成为公益机构，还需要满足以下附加条件：该团体必须是一个注册的公益机构或取得豁免权的慈善团体或是《慈善法》中规定的不需要注册的慈善组织。此外，根据规定，公益机构的活动必须对整个新加坡社会有益，而不仅限于部分利益，除非另有批准，并且这些活动必须符合公益机构在其管理文书下的目标和其部门主管的目标。公益机构（IPC）也必须由其理事

---

① 新加坡政府慈善网站 https://www.charities.gov.sg/setting-up-a-charity/Registering-for-a-new-charity/Pages/Legislative%20Conditions%20for%20Registration%20as%20a%20Charity_IPC.aspx.

会成员管理，并且理事会成员中至少一半是新加坡公民。[①]

（二）慈善组织的筹款与捐赠

资金是慈善组织开展慈善活动的保障，新加坡政府对于慈善组织的筹款也有着详细的规定。慈善理事会指出，所有希望为慈善团体或IPC筹集资金的实体必须在募集资金前与其签订书面协议，而且协议内容必须包含以下信息：地点、日期及筹款方法、慈善组织的收益百分比，收益将用于慈善组织的时间，筹款人的费用。无论商业筹款人参与任何筹款活动，收到的所有捐款必须直接捐赠给慈善组织和专门机构。任何由商业筹款人支付或报销的款项必须由慈善组织和独立董事会分别提出。

享受权利是以履行义务为前提的，慈善组织获得了捐助者的捐赠，理应对捐助者履行以下义务：1. 向捐助者或公众提供准确无误的信息，不误导公众。2. 信息公开：披露该组织的名称、募集资金的预期用途以及是否有商业募捐人参与募集捐款。3. 如果筹资是由商业筹款人或商业参与者进行，所有招揽和宣传材料必须做以下书面声明：将用于慈善事业的收益总额的比例，分配给每个慈善组织的收益（如果为一个以上的慈善组织筹集资金），商业筹资者或商业参与者的名称及其作为商业实体的地位，如何计算筹资者或参与者的报酬。4. 与捐助者有关的信息要保密，未经捐助者同意，不得向其他任何人提供有关捐助者的信息。5. 募集捐款的安排必须有适当的控制措施和保障措施，以确保承担适当的责任，防止捐赠物品

① 新加坡政府慈善网站 https://www.charities.gov.sg/setting-up-a-charity/Registering-for-a-new-charity/Pages/Other%20Requirements%20for%20Registration%20as%20a%20Charity_IPC.aspx.

的任何损失或被盗。[①]

慈善组织如何使用捐赠物资将影响慈善活动的开展，因此捐赠物资的使用也有着严格的规范与要求：第一，所有捐赠物资的使用必须符合捐赠者的意图；第二，如果捐赠者未指明捐赠意图，则根据该慈善活动募捐时向捐赠者传达的目的来合理使用捐赠物资；第三，如果损赠者未明确意图，并且慈善组织在募捐期间没有向捐赠者传达任何目的，捐赠物资应以下列方式使用：（1）免税捐赠，捐赠物资可用于资助由 IPC 开展的在其管理指令规定之下的满足其目标及部门行政官目标的任何活动，该活动要对整个新加坡社会有益，而非部分受益；（2）非免税捐赠，捐赠物资可用于资助由 IPC 开展的任何活动，如果某项捐赠物资未被使用，IPC 必须退还这项捐赠，或者经过委员会主席或部门行政官批准后，IPC 可视情况使用这项捐赠。

（三）慈善组织的监管

为了推动新加坡慈善事业的健康发展，合理的推行“善政”，让公民更加了解“善治”，为慈善团体和公益机构提供最佳的实践原则和标准，慈善理事会在 2007 年首次制定了监管准则，经过进一步的提炼和融合，2011 年 1 月 19 日正式发布了《慈善团体与公益机构监管准则》，涵盖了董事会治理、利益冲突、战略规划、项目管理、人力资源管理、财务管理与控制、筹款实践、信息披露和透明度、公众形象九个方面的内容。

对慈善团体而言，高效的监管能影响其管理方式和服务，因此加强慈善团体的监管非常重要。一个慈善团体的董事会必须负责为其属

① 新加坡政府慈善网站 https://www.charities.gov.sg/manage-your-charity/Fund-raising%20and%20Related%20matters/Pages/Fund-Raising%20Matters.aspx.

下机构制定一套良好的监管原则和惯例。监管准则能促使慈善团体更加有效透明、更能对利益相关者负责。对于公众而言，公众除了捐款给慈善团体，还为他们提供义务服务。监管准则能帮助公众了解高效监管的意义，也有助于他们在选择支持对象时作出明智的决定。

1. 监管准则的宗旨

第一，提高慈善团体效率。通过与有效率的慈善团体分享监管和管理经验，提高一个慈善团体本身的效率。第二，为董事会成员提供指导。目的在于帮助董事会成员执行他们身为受托人（受委为慈善团体利益采取行动的代表）的任务。第三，加强公众对慈善团体的信心。制定良好的监管标准，促使慈善团体严格遵守规范。①

这份准则专为新加坡注册的慈善团体而设，尤其是接受公众捐款的慈善团体。它不适用于豁免的慈善团体和不符合公益机构资格的捐助机构，例如由私人家庭或机构资助的慈善基金。不过，这些机构也能以这份准则作为参考资料。慈善团体的规模大小不一、活动范围和具体情况也各有不同。准则中的指导原则未必全都适用于每个慈善团体，但所有慈善团体都必须详细阅读整份准则并采取必要的措施来改善他们的监管方式。

2. 监管的原则

第一，分级指导，分类监管。由于慈善组织种类繁多，规模大小不一，为了防止监管流于形式，避免“一刀切”的监管方式，该准则采取分级指导的原则，将不同规模的慈善团体、公益机构依据年收入的规模分为不同的级别，实行不同的监管标准，具体分级见表6—1、表6—2。

① The Charity Council，Code Of Governance For Charities And IPCs，2011.

表 6—1　　慈善团体分级表

| 慈善团体规模 | 级别 |
| --- | --- |
| 每年总收入少于 5 万新元的慈善团体 | 基本Ⅰ级 |
| 每年总收入介于 5 万至 1 000 万新元的慈善团体 | 基本Ⅱ级 |
| 每年总收入 1 000 万新元或以上的大型慈善团体 | 基本Ⅱ级和强化级 |

表 6—2　　公益机构分级表

| 公益机构规模 | 级别 |
| --- | --- |
| 每年总收入少于 20 万新元的公益机构 | 基本Ⅱ级 |
| 每年总收入介于 20 万至 1 000 万新元的公益机构 | 基本Ⅱ级和强化级 |
| 每年总收入 1 000 万新元或以上的大型公益机构 | 基本Ⅱ级、强化级和高级 |

资料来源：The Charity Council，Code Of Governance For Charities And IPCs，2011.

第二，实行公开透明的监管原则，倡导社会参与监管。慈善团体和公益机构必须通过慈善团体门户网站（www. charities. gov. sg）提呈“监管评估清单”，这份清单将由各“组别行政官”（Sector Administrator）负责完成；应该解释为什么无法遵循监管准则中某些与慈善团体相关的指导原则；应该注明有意采取的遵循步骤或解释不遵循的原因。政府鼓励慈善团体向利益相关者公开“监管评估清单”，包括慈善团体的会员和捐赠者，通过上传到网上、刊载在简讯上或在会员大会上公布等方式，提高其透明度，调动社会公众参与监管的积极性。

## 五、新加坡慈善治理措施

### （一）慈善透明度框架（Charity Transparency Framework）

慈善委员会在 2013 年提出了制定一个慈善透明度框架，以改善慈善组织的治理和问责机制。这个计划在 2014 年 2 月的首届慈善治理大会上公布。宣布以后，接近 200 名来自慈善组织、专业机构、公司捐助者和资助者的代表进行了多次会话讨论与磋商，收集了来自利益相关者的建议和反馈，慈善理事会最终决定以记分卡的形式推出慈善透明度框架。慈善委员会希望鼓励慈善团体除了举办慈善活动、发展慈善事业以外，还要加强组织内部的建设，提高事务的透明度。新的透明度记分卡将作为慈善组织披露信息的工具，使公众和捐助者能够更准确了解他们的工作以及他们如何管理，以便于他们做出明智的捐赠选择。

慈善透明度框架旨在实现两个主要目标：帮助慈善组织加强其披露和治理实践；通过突出公开的关键领域，为慈善组织和公众提供公共教育工具。慈善透明度记分卡是一个分层框架，其中考虑到慈善组织的年度收入总额，在记分卡中，有9个维度的披露信息，包括：董事会和行政人员管理、战略方向和程序管理、人力资源管理、利益冲突管理、财务管理和内部控制、筹款活动、审计报告、公开的及时性，以及其他值得赞扬的领域。公众可以在各种平台上，即慈善门户网站、官方网站和脸书（Facebook）页面上进行查阅。

为了认可慈善组织的信息披露工作，鼓励慈善组织更加透明化，一个新类别的奖项——慈善透明度奖，从2016年开始实施。由财务或会计方面接受培训的独立评估员小组进行基于慈善透明度记分卡的第一轮评估，按照信息披露程度来进行打分：没有披露或慈善组织披露缺乏实践打0分；基本披露打3分；超越基本披露打5分。入围的慈善组织将进行第二轮评估，由来自不同行业的专业人士审查决赛入围者，选择值得赢取“慈善透明度奖”的慈善组织。①

（二）慈善治理奖（Charity Governance Awards）

① 新加坡慈善理事会网站 https://www.charitycouncil.org.sg/en/Our%20Work/Charity%20Transparency%20Framework.aspx.

在慈善理事会的倡议下，新加坡设立了慈善治理奖（CGA），其目的是通过承认慈善组织的出色工作，肯定其卓越的治理能力，而激励其他慈善组织仿效最佳的治理实践，促进慈善事业的发展。要获得新的慈善透明度奖并参加 CGA 评估，慈善组织必须符合以下条件：是一个注册的慈善机构或在新加坡至少三年的 IPC；已在上两个财政年度向慈善组织专员办事处或部门行政长官提交年度报告、财务报表和治理评估清单（GEC）；在紧接上一个财政年度的年度总收益不少 5 万新元；已根据最新提交的 GEC，遵守了慈善团体和 IPC 的治理守则；在过去三年中不是 CGA 的主要项目类别的优胜者；成为参与年份的慈善透明奖获得者。[①]

（三）慈善能力基金（VWOs-Charities Capability Fund，VCF）

为了加强慈善团体和公益机构（IPC）的治理能力，确保其稳定发展，慈善理事会设立了慈善能力基金，包括信息通信资助、培训资助、咨询资助、共享服务资助。所有具有豁免权的已注册的慈善团体和公益机构都可以申请慈善能力基金。2007 年 4 月，新加坡政府拨款 1 200 万新元来资助慈善组织加强自身的治理能力，提高管理效率。截至 2015 年 12 月底，共有 1 275 家慈善团体和公益机构已经享受到慈善能力基金的资助，共计约 1 745 万新元。[②]

① 新加坡慈善理事会网站 https://www.charitycouncil.org.sg/en/Our%20Work/Charity%20Governance%20Awards.aspx.

② Charities Unit，Ministry of Culture，Community and Youth. Commissioner of Charities Annual Report 2015.